家庭教育必读

FAMILY EDUCATION COMPULSORY

初级

编审委员会
主　任：李树林
副主任：高　波
委　员：王书柏　刘　帅　郑柳荣

编写人员
主　编：郑秀丽
编　者：郝永新　黄　飒　康　晴　李一洁　刘　巍
　　　　刘晓静　马芳芳　尚红梅　童　玲　魏丽丽

中华工商联合出版社

图书在版编目（CIP）数据

家庭教育必读：初级/郑秀丽主编.--北京：
中华工商联合出版社，2022.8
ISBN 978-7-5158-3521-1

Ⅰ.①家… Ⅱ.①郑… Ⅲ.①家庭教育 Ⅳ.①G78

中国版本图书馆CIP数据核字（2022）第134442号

家庭教育必读（初级）

主　　编：	郑秀丽
出 品 人：	刘　刚
策　　划：	王宝平　李红霞
责任编辑：	李红霞
装帧设计：	周　琼
责任审读：	付德华
责任印制：	迈致红
出版发行：	中华工商联合出版社有限责任公司
印　　刷：	北京毅峰迅捷印刷有限公司
版　　次：	2022年11月第1版
印　　次：	2022年11月第1次印刷
开　　本：	787mm×1092mm　1/16
字　　数：	171千字
印　　张：	12
书　　号：	ISBN 978-7-5158-3521-1
定　　价：	68.00元

服务热线：010—58301130—0（前台）
销售热线：010—58302977（网店部）
　　　　　010—58302166（门店部）
　　　　　010—58302837（馆配部、新媒体部）
　　　　　010—58302813（团购部）
地址邮编：北京市西城区西环广场A座
　　　　　19—20层，100044
　　　　　http://www.chgslcbs.cn
投稿热线：010—58302907（总编室）
投稿邮箱：1621239583@qq.com

工商联版图书
版权所有　侵权必究

凡本社图书出现印装质量问题，请与印务部联系。

联系电话：010—58302915

推荐序
| RECOMMENDED SEQUENCE |

　　婚姻家庭指导和家庭教育指导，是当代社会亟须的普及教育。经过40多年改革开放的洗礼，现在我国社会的主要矛盾已经转化为人民日益增长的美好生活需要和不平衡不充分的发展之间的矛盾。所谓美好生活，不仅是物质丰富的生活，也是内心光明、关系温暖的生活，所谓发展的不平衡不充分，也不仅仅体现在外在建设，同样也体现在人们的心理建设上。

　　家庭关系是社会、经济、政治和文化关系的缩影和基础，它直接影响着家庭成员，尤其是儿童和青少年心理与行为模式的形成和发展。因此健康的家庭关系，对于社会和谐和稳定发展有着积极意义，反之，则可能造成公共性的危害。近年来，多起引发全民关注的中学生自杀、出走事件，都在不断警醒大众——关注家庭关系和心理健康已迫在眉睫。而立足于赋能家庭关系的婚姻家庭与家庭教育的指导工作，就显得尤为重要和紧迫。

　　中华文明一贯重视家庭教育和家庭关系，一些很好的理念对维系中国社会几千年的发展起到了不可替代的作用。但是，还缺少系统全面的理论与知识梳理，更没有国家层面的立法。2022年1月1日，《中华人民共和国家庭教育促进法》正式实施，家庭教育从传统"家事"上升为重要"国事"。正如习近平总书记所强调的："我们要重视家庭文明建设，努力使千千万万个家庭成为国家发展、民族进步、社会和谐的重要基点，成为人们梦想启航的地方。"令人欣慰的是，我们已经有一些教育工作者与相关从业人员，走在了新时代家庭教育理念实践与推广的第一线，并带领着更多人去明确"培养什么人、怎样培养人、为谁培养人"这一重要问题的答案。郑秀丽同志和她的团队，就是其中一员。

郑秀丽同志是毕业于中国科学院心理研究所的青年学者，取得医学心理学博士学位之后，又在北京中医药大学做了中医心理学博士后的研究工作，回到部队后，从事的是飞行员的心理训练等工作。在长期的基础研究和临床实践中，她深刻认识到家庭教育对一个人的深远影响。从部队转业之后的这些年，她一直深耕在家庭教育的前线，大家都叫她"贞贞老师"。她做宣讲、做培训、开发课程、写书，注册了"依心上"品牌并组建了专业团队，持续钻研心理学理论及应用，开发了"实相心理学"的研究模型与实训方法——从探索与解读内在心智模式入手，改变认知与行为的呈现，并将其拓展到现实的生活场景中。这样的一套体系化解决方案经过这几年的实践，已经惠及上万人次，在改善心理亚健康、拓展心理空间、提升幸福感等方面成效显著。

这次，她带领"依心上"团队编著的两套教材《家庭教育必读》和《婚姻家庭必读》即将正式出版。这两套教材结合了心理学、法学、经济学、医学、社会学等多学科的专业知识和视角，从与家庭相关的关系和事务入手，将理论知识与实操训练相结合，帮助大家构建正向的认知与行为模式。教材中所引用的文献大多是近年来的最新研究报告，教材中的内容涉及很多当下社会的热点、痛点问题，比如疫情之下的居家线上学习、隔代教育的矛盾与处理、青少年的健康教育、性教育问题、当代女性工作与家庭的两难问题、家庭教育中爸爸缺位的问题以及当代青年男女婚恋观念等多方面、多角度的内容。可以说，这不仅仅是两套教材，更是大家可以人手一套的家庭教育普及读物。读者可以在阅读的过程中，收获更多思考的角度、知识的补充，以及实际训练的方法，通过学习的方式去思考、提升和预防。阅读本套书籍对身处压力状态下的夫妻和父母，无疑都是一个很好的助益。

"教育的本质，不是把篮子装满，而是把灯点亮。"藉郑秀丽博士团队新书付梓之际，我也衷心地祝愿大家开卷有益，身心安稳，阖家幸福！

发展中国家科学院院士

中国关心下一代工作委员会副秘书长

儿童发展研究中心主任

北京家庭教育研究会会长

张　侃

自序
| PREFACE |

婚姻、家庭、教育，这是我们当代人无法不去直面的人生重大课题。

一直以来，我们的学校教育都在教我们认识世界，教我们谋生的技能，教我们努力上进，可是，当我们开始进入生活，尤其是进入需要自己承担重大责任的家庭生活中后，就会发现这一块的知识好像从来没有一个课堂系统地、落地地教过我们，于是我们仓促上阵，在面对家庭中的关系、问题、责任、权利、义务等问题时，施展的都是我们最朴素、最原始的应对本能。

"婚姻""家庭""教育"就像人生中的一场联考，"卷子"简单点儿，还答个勉强；"卷子"难点儿，八成不及格，或者干脆退出考试，等待补考。可是，这个联考从来没有因为及格率走低而变得随行就市。相反，它越来越难，从单选变成了多选，渐渐加上了思考题、主观题，甚至对错都开始不好判断……

不考不行吗？是，好像也有人选择不结婚、不要孩子，可即使这样，生而为人，我们也还是在关系里，我们离不开和父母的关系、情与爱的关系。可以说，这份卷子，答与不答，你都已经在考试中了。

更为要命的是，好像我们的身心健康也与这场联考密切相关，里面的题目个顶个太上头，太能牵动我们的情绪。情绪一浪接一浪拍在身心上，日积月累，好多亚健康、疾病就慢慢找上了门。

所以，这个考试左右避不开，考不好代价还这么大，不如好好收拾身心，投入学习一下，打一场有准备之仗吧。

　　这是我们走过的路，这也是我们眼见的大家都需要走的路，所以，我们编写了这套教材，研发了相关的课程，希望能给困惑中的你我提供一个入门的抓手，提供一个系统化的视角，来认识人生中必须要面对的这场联考。我们全部的编委都不仅仅是纯粹的学院派，相反，她们从生活中来，从实战中来，从柴米油盐、吵架拌嘴中来，她们带着过去的若干年中心理训练对生活的变化和改善，带着真刀真枪在生活中的血肉历练，共同来虔敬地为大家祭出一份"应试宝典"。

　　过去，我们对新人的祝福是百年好合，我们对孩子的祈愿是健康快乐，但现在，除了这些祝福，我们更希望大家即使在生活中遇到各种各样有挑战的"考题"时，也能够借助"应试宝典"顺利通过考试，让自己过上真正幸福美满的生活，向内启迪慧命，向外过好日子。

　　亲爱的读者们，成长是一条永无止境的路，让我们一起在这条路上积极探索，带着勇敢和坚毅，拓路而行，让智慧不断提升，让成长依心而上吧！

郑秀丽

目录 | CONTENTS

第一章 概论

第一节 关注家庭教育问题的迫切性 …………… 1
一、家庭教育的概念和特点 …………… 1
二、当代家庭无处安放的教育焦虑 …………… 2
三、沉重的社会新闻反映青少年极端问题 …………… 7
四、家庭教育工作意义重大 …………… 9

第二节 家庭教育指导师 …………… 10
一、我国家庭教育指导师产生的现实背景 …………… 10
二、我国家庭教育指导师产生的法律背景 …………… 14
三、家庭教育指导师的职业道德准则 …………… 15

第二章 家庭教育中不可或缺的生命成长观

第一节 认识人体生命 …………… 16
一、现代西医对人体生命的认识 …………… 16
二、传统中医对人体生命的认识 …………… 17
三、心理学对人体生命的认识 …………… 18
四、哲学对生命的认识 …………… 19

第二节 人体生命成长初探 …………… 20
一、人类生命的纵向成长规律 …………… 21
二、人体生命成长的主轴 …………… 24

第三节 生命成长视角下的家庭教育 …………… 26
一、生命成长视角下的教育 …………… 26

二、生命成长视角下的家庭 …………………………………… 27
　　三、生命成长视角下的家庭教育 ……………………………… 28
　第四节　构建完整的生命成长观在家庭教育中的意义 ………… 31
　　一、让孩子健康成长 …………………………………………… 31
　　二、让孩子具备在一切情境下都拥有幸福的能力 …………… 32
　　三、让父母摆脱"问题模式" ………………………………… 32
　　四、让生命互相成全 …………………………………………… 33

第三章　家庭教育中的健康教育

　第一节　健康教育概论 …………………………………………… 35
　　一、健康的概念和标准 ………………………………………… 35
　　二、家庭教育指导师健康教育内容 …………………………… 39
　第二节　家庭健康教育的现状和问题 …………………………… 40
　　一、我国儿童和青少年的健康现状 …………………………… 40
　　二、我国儿童和青少年面临的主要健康问题 ………………… 41
　　三、父母在家庭健康教育中面临的问题 ……………………… 45
　第三节　家庭健康教育的迫切性 ………………………………… 48
　　一、我国儿童青少年健康管理的历史发展 …………………… 48
　　二、我国立法促进家庭健康教育发展 ………………………… 49
　　三、家庭健康教育的意义和重要性 …………………………… 50
　第四节　家庭教育指导师促进健康教育的措施 ………………… 51
　　一、推进"健康第一"理念的传播 …………………………… 51
　　二、家庭教育对儿童青少年健康的促进作用 ………………… 52
　　三、儿童青少年健康问题精准防控措施 ……………………… 53
　　四、加强儿童青少年体育运动 ………………………………… 54
　　五、重视儿童青少年心理健康 ………………………………… 54

第四章　夫妻关系与家庭教育

　第一节　夫妻关系的内涵 ………………………………………… 55
　　一、夫妻关系的定义 …………………………………………… 55

二、夫妻关系的构成 ·················· 56
　　三、夫妻关系的类型 ·················· 59
第二节　与夫妻关系相关的家庭教育理论 ············ 61
　　一、家庭生命周期理论 ················· 61
　　二、家庭三角关系理论 ················· 64
第三节　当代夫妻在家庭中的育儿现状 ············· 65
　　一、家庭教育方式和理念存在盲目选择性 ········· 65
　　二、家庭教育"跟风、攀比"情况严重 ·········· 66
　　三、育儿焦虑已成为年轻夫妻的常态 ··········· 66
　　四、"丧偶式育儿"普遍存在 ·············· 69
第四节　夫妻双方在家庭教育中重点事项 ············ 69
　　一、分阶段持续一贯性处理亲子三角关系 ········· 70
　　二、加强关注自己和孩子的心理健康 ··········· 70
　　三、关注亲子关系的同时更要关注夫妻关系 ········ 71
　　四、结合时代的发展变迁调整亲子关系模式 ········ 72

第五章　亲子关系

第一节　亲子关系的概念和重要性 ··············· 73
　　一、亲子关系的概念和分类 ··············· 73
　　二、亲子关系的重要性 ················· 74
　　三、亲子关系的作用 ·················· 75
　　四、亲子关系的特点 ·················· 76
第二节　亲子关系发展的过程与规律 ·············· 78
　　一、亲子关系发展的规律 ················ 78
　　二、儿童人格发展的五个阶段 ·············· 78
第三节　影响亲子关系的因素 ················· 80
　　一、父母的教养方式对亲子关系的影响 ·········· 81
　　二、夫妻关系对亲子关系的影响 ············· 82
　　三、孩子成长过程中特殊时期的影响 ··········· 83
第四节　亲子关系常见的问题 ················· 84

一、沟通障碍 ……………………………………… 85
二、越界干涉 ……………………………………… 87
三、教育重点失衡 ………………………………… 88
四、情绪模式 ……………………………………… 89

第六章 家庭教育中的隔代教育

第一节 隔代教育的概念 ……………………………… 91
  一、隔代教育的含义 ……………………………… 91
  二、隔代教育的常见模式 ………………………… 92
第二节 隔代教育的成因和现状 ……………………… 95
  一、隔代教育的成因 ……………………………… 95
  二、中国隔代教育的现状 ………………………… 99
第三节 隔代教育产生的影响 ………………………… 101
  一、隔代教育的弊端 ……………………………… 102
  二、隔代教育的价值 ……………………………… 103
第四节 完善隔代教育的启示 ………………………… 106
  一、完善隔代教育的重要性 ……………………… 106
  二、隔代教育的国外借鉴 ………………………… 107
  三、中国隔代教育的典范 ………………………… 109

第七章 家庭性教育

第一节 家庭性教育概述 ……………………………… 111
  一、家庭性教育的概念及要求 …………………… 111
  二、开展家庭性教育的基本方法 ………………… 112
第二节 我国家庭性教育发展历史及现状 …………… 114
  一、古代家庭性教育 ……………………………… 114
  二、近代家庭性教育 ……………………………… 114
  三、现代家庭性教育 ……………………………… 115
  四、中国性教育的现状分析 ……………………… 118

第三节　当代中国家长在性教育问题上的认知特点 …………… 121
　　一、当代中国家长在家庭性教育问题上的认知特点 ……… 121
　　二、重新理解性教育 ……………………………………… 124
第四节　改进中国式家庭性教育的建议 …………………………… 127
　　一、加强正规性知识学习 ………………………………… 128
　　二、把握性教育尺度 ……………………………………… 128
　　三、适时进行性教育 ……………………………………… 128

第八章　法律教育

第一节　法律视角下的家庭教育 ……………………………………… 130
　　一、从法律视角看家庭教育指导师 ……………………… 130
　　二、法律视角下的家庭教育发展和现状 ………………… 131
第二节　指导师职业诞生的法律背景 ……………………………… 133
　　一、家庭教育的复杂性 …………………………………… 133
　　二、家庭教育内卷化 ……………………………………… 134
第三节　法律视角中的家庭教育指导师定位 ……………………… 135
　　一、普法者 ………………………………………………… 135
　　二、赋能者 ………………………………………………… 136
第四节　《家庭教育促进法》导读 ………………………………… 137
　　一、家庭教育的主体与责任 ……………………………… 137
　　二、家庭教育中法律指导的内容 ………………………… 138
　　三、家庭教育指导师的注意事项 ………………………… 141

第九章　家庭问题中常用指导方法和技术

第一节　倾听与提问 ………………………………………………… 145
　　一、倾听 …………………………………………………… 145
　　二、倾听的层次 …………………………………………… 149
　　三、提问的技术 …………………………………………… 149
第二节　同感共情 …………………………………………………… 152
　　一、同感共情的起源 ……………………………………… 153

二、同感共情易犯的错误 ·················· 153
　　三、同感共情的注意事项 ·················· 154
第三节　沟通与联结 ······················ 156
　　一、沟通的概念 ······················ 156
　　二、沟通中的情感 ····················· 157
　　三、沟通与联结 ······················ 158
第四节　其他咨询技术 ···················· 159
　　一、家庭咨询常见的技术和方法 ·············· 159
　　二、家庭咨询的注意事项 ·················· 161
第五节　职业修养和职业道德 ················ 161
　　一、家庭教育指导师的职业修养 ·············· 161
　　二、家庭教育指导师的职业道德 ·············· 163

第十章　家庭教育中的特殊问题

第一节　不当教养方式下儿童的特殊问题 ··········· 166
　　一、暴力教养 ······················· 166
　　二、溺爱 ························· 170
第二节　教养方式的表现类型 ················ 171
　　一、专制型教养方式 ···················· 172
　　二、溺爱型教养方式 ···················· 172
　　三、忽视型教养方式 ···················· 172
　　四、混杂型教养方式 ···················· 173
第三节　回归家庭教育的核心 ················ 174
　　一、家长的焦虑 ······················ 174
　　二、孩子的压力 ······················ 175
　　三、家庭教育的正确理念 ·················· 175

第一章
概论

第一节 关注家庭教育问题的迫切性

一、家庭教育的概念和特点

关于"家庭教育"的定义，学术界对其有过不同的描述。例如，在《教育大辞典》中被描述为："家庭成员之间的相互教育，通常多指父母或其他年长者对子女辈进行的教育。家庭教育是社会整个教育事业的重要组成部分，具有不可替代的特点和作用。"[1]2021年10月23日通过的《中华人民共和国家庭教育促进法》亦对家庭教育的概念和内容在法律上有了清晰的界定，即是指"父母或者其他监护人为促进未成年人全面健康成长，对其实施的道德品质、身体素质、生活技能、文化修养、行为习惯等方面的培育、引导和影响"。

无须多言，家庭是一个人的根基，是大多数人生存和活动的主要场所，家庭教育对每个人的影响都是潜移默化的，甚至是伴随一生的。因此，家庭教育可以被认为是一种终身教育。有学者曾总结，家庭教育具有私人领域的养育、个体日常经验的传承和嵌入生活的非正式教育等特点[2]。

家庭教育与学校教育、社会教育并称为国民教育体系三大组成部分，三者缺一不可，共同构成了影响人的发展的重要因素。但家庭是社会的细胞，家庭同时

---

[1] 顾明远.教育大辞典[M].上海：上海教育出版社，1990：11.
[2] 康丽颖，姬甜甜.回归教育学视域的家庭教育理论建构[J].教育科学，2021，37（1）：69—75.

具有生物性和社会性的双重属性，因此不可避免地，家庭教育和学校教育、社会教育之间紧密关联且相互影响。三者必须形成统一协同的关系，才能实现真正意义上的教育合力。

家庭教育，无论是从其重要性还是从其功能上来说，都具有不可替代性，虽然家庭是社会的组成单位，但家庭教育绝不能被简单地理解为其从属于社会教育或者学校教育。

家庭教育是直接影响整体教育质量的重要因素。家庭教育既是家事，又是国事。更重要的是，家庭教育是一项始终处于动态发展的活动。随着时代变迁、社会演进，当今家庭结构的变化赋予家庭教育的观念和功能以新的时代要求。如果家庭教育不能适应时代变迁，便不乏我们已经看到的那些家庭教育错位、缺位等现象，从而引发一系列严重的社会问题。

二、当代家庭无处安放的教育焦虑

1. 当"鸡娃"成为网络流行用语

2021年12月，《咬文嚼字》编辑部发布了2021年度十大流行语，其中就包括"鸡娃"一词。网络上对"鸡娃"的定义是，父母给孩子"打鸡血"，为了孩子能读好书、考出好成绩，不断给孩子安排学习和活动，不停让孩子去拼搏的行为。其实，"鸡娃"是教育内卷衍生出来的专业名词，主要发力群体是中国的广大家长。而"内卷"呢，本是一个学术名词，在学术文献中常用作"内卷化"。美国人类学家亚历山大罗维奇·戈登威泽（Alexander Goldenweiser）将一类文化模式达到了某种最终的形态以后，既没有办法稳定下来，又没有办法转变为新的形态，而只能不断地在内部变得更加复杂的现象称为"内卷化"（involution）[1]。内卷也被当成了流行的网络用语，用来形容某个领域发生了过度的竞争，导致人们进入了相

---

[1] Hui Y. The (un) changing world of peasants: Two perspectives [J]. Journal of Social Issues in Southeast Asia, 2009, 24(1): 18—31.

互倾轧、内耗的状态。更宽泛一点说，所有无实质意义的消耗都可以被称为内卷。

古有"孟母三迁"的故事流传千年，今有《虎妈战歌》火遍中外，曾几何时这只是少数人的选择和教育方式，然而不知不觉中，"鸡娃"内卷化已蔓延成为当今中国家庭中的普遍现象。

一开始"鸡娃"一词只在北上广深等大城市流传，著名的"海淀妈妈""顺义妈妈""魔都妈妈"被当成了鸡娃的标尺，现已席卷至各个中小城市。"鸡娃"一开始也只限于某些"圈层"，以部分有钱有闲有渠道的顶层精英家庭为主，后来延伸至多数中产阶级家庭，现在更是继续拓展，甚至有"全民鸡娃"的态势。网友评论，其"无非是在铁笼里奔跑，还是在镶钻笼子里奔跑"的区别。

另一个现象是，网络世界中有数量庞大的微信"鸡娃群"和自媒体，它们通过网络热烈讨论着与"鸡娃"相关的话题，积极地推送着大量的文章和指导，引发高度的关注，推动着现实世界中"鸡娃"教育方式的不断"出圈"。

2. "鸡娃"背后的教育焦虑

如何陪伴和教育孩子，是教育学界的一个经典议题。根据响应教养方式的高低程度和是否干预孩子的选择，美国学者马赛厄斯·德普克等将家庭教养方式分为四种类型：权威型、专断型、放任型和忽视型。[1]其中前两种教养方式可以归类为密集型教养。美国公认的心理精神医师福斯特·克林纳和吉姆·费对此有一个非常形象的比喻，那就是将密集型教养称为"直升机型"养育，即父母随时盘旋在孩子周围，如果随时陪伴还带着过度袒护和四处攻击，"直升机型"家长将升级为"涡轮喷气式攻击机"家长。[2]相应地，美国学者茱莉·李斯寇特-汉姆斯等认为，密集型教养很可能会导致"过度教养"，因为父母为孩子做了太多，结果剥夺了孩子发展自我信念的机会。密集型教养和过度教养不仅会损害孩子的成长，同样也

---

[1] ［美］马赛厄斯·德普克，法布里奇奥·齐利博蒂.爱、金钱和孩子：育儿经济学［M］.吴娴，鲁敏儿，王永钦，译.上海：格致出版社，2019：44，59—61，80—93.
[2] ［美］福斯特·克林纳，吉姆·费.爱与理智：如何养育有责任心、爱心和自信心的孩子［M］.王璇，译.北京：群言出版社，2007：11—13.

会给家长带来伤害，让家长一直处在焦虑、疲惫和忧郁之中。①

"教育焦虑"是指参与教育活动的各个主体体验到的不同程度和不同方式的焦虑情绪，依照主体的不同可划分为家长教育焦虑、学生和教师教育焦虑。近年来，中国家长的"教育焦虑症"已成为一种群体性情绪。2018年发布的《中国家长教育焦虑指数调查报告》，通过网络发起调查，共收集来自全国范围内的有效问卷3205份，该调查结果显示68%的家长对孩子的教育感到"比较焦虑"和"非常焦虑"。

有不少学者描述总结过中国家长目前的教育焦虑分类及特征。其中，"力不从心、恐慌、压力、担忧、压迫和茫然"等关键词能够折射出家长教育焦虑的部分身心状态，现归纳为如图1.1所示：

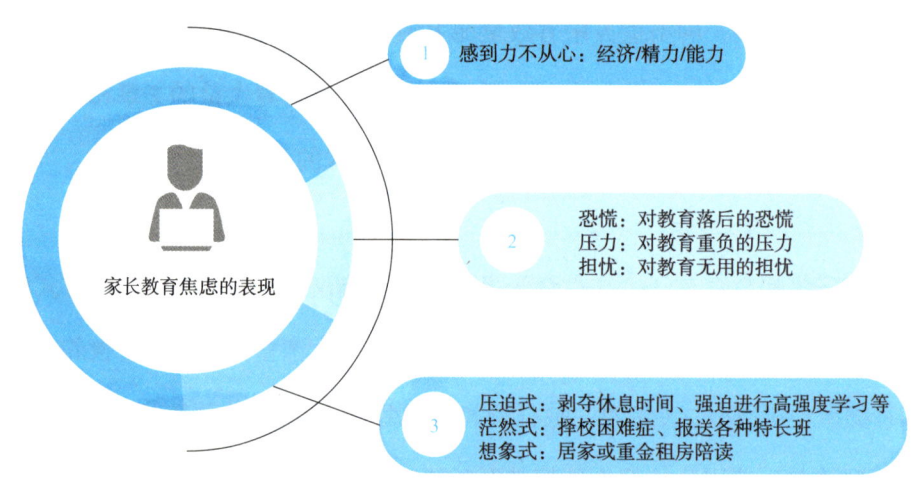

图1.1 家长教育焦虑的表现

- 1 感到力不从心：经济/精力/能力
- 2 恐慌：对教育落后的恐慌
  压力：对教育重负的压力
  担忧：对教育无用的担忧
- 3 压迫式：剥夺休息时间、强迫进行高强度学习等
  茫然式：择校困难症、报送各种特长班
  想象式：居家或重金租房陪读

以上家长教育焦虑的三大表现，既有主观表现又有客观表现。

主观表现之一为"力不从心"：补课费用让家长感觉在经济方面力不从心、频繁接送子女上培训班和补习班让家长感觉在精力方面力不从心、教育知识储备不足让家长感觉在能力方面力不从心。②

其他主观表现为"恐慌、压力和担忧"。从分类表现上看，有对教育落后的恐

---

① ［美］茱莉·李斯寇特-汉姆斯.如何养出一个成年人［M］.游淑峰，译.台北：方舟文化出版社，2017：19，158.
② 单家银，胡亚飞，康凯.中小学生家长教育焦虑的质性研究［J］.健康教育与健康促进，2016，11（6）：403—406.

慌，即家长害怕子女在某一阶段的教育竞争中落后从而导致其又在下一阶段学习或生活方面继续落后；有对教育重负的压力感，即家长承担高额补习费用的经济负担；还有对教育无用的担忧，即教育投资与回报不对称[①]。

客观表现包括：压迫式教育焦虑、茫然式教育焦虑和想象式教育焦虑。常见具体表现：择校困难症、居家或重金租房陪读、剥夺孩子休息时间、强迫孩子进行高强度的学习、报送各种特长班、在孩子成绩不理想时频繁训斥打骂。[②]

3.教育焦虑的死循环

家长的教育焦虑很多时候不是来自绝对教育资源的匮乏，而是来自比较，正如提出"参考群体"概念的美国社会学家罗伯特·默顿认为的，有时从绝对利益的角度来看，某人不应该感到不满，但其经过与同一群体中的其他人比较，就产生了相对的不满情绪。[③]家长的一部分教育焦虑正是来自网络时代铺天盖地的那些"别人家的孩子"。

而美国学者凯斯·R.桑斯坦在《信息乌托邦：众人如何生产知识》一书中提出："当个体只关注自我选择或能够愉悦自身的内容，而减少对其他信息的接触，久而久之，便会像蚕一样逐渐禁锢于自我编织的'茧房'之中。"[④]由此给我们以启示，多元化的信息有助于避免关注力的狭窄以及因此而导致的认知固化，使那些长期浸泡在"鸡娃群"和自媒体推送里的家长们，有机会从"茧房"中探出头来。

学者耿羽（2021）就以上现象总结认为当今中国家长在教育孩子方面陷入了"不明确—伪明确—更不明确"的怪圈，情绪也从焦虑变为更加焦虑，从而形成教育焦虑循环的"莫比乌斯环"。在"鸡娃群"的催化下，教育焦虑不仅在家长自身循环，还会由家长传导给孩子、配偶、父母，然后再传回给自己，既在家庭内部循环，也会在"鸡娃群"内部的家长之间循环传导，甚至在更大的社会层面循环

---

① 陈华仔，肖维.中国家长"教育焦虑症"现象解读［J］.国家教育行政学院学报，2014（2）：18—23.
② 刁生富，李香玲.基础教育焦虑探讨［J］.佛山科学技术学院学报（社会科学版），2016，34（6）：57—61.
③ ［美］罗伯特·默顿.社会理论和社会结构［M］.唐少杰，齐心，等，译.南京：译林出版社，2006：387—399.
④ ［美］凯斯·R.桑斯坦.信息乌托邦：众人如何生产知识［M］.毕竞悦，译.北京：法律出版社，2008：8.

传导。①

4."双减"后就不用鸡娃了吗?

针对以上现状,为深入贯彻党的十九大和十九届五中全会精神,切实提升学校育人水平,持续规范校外培训(包括线上培训和线下培训),有效减轻义务教育阶段学生过重的作业负担和校外培训负担,2021年7月24日,中共中央办公厅、国务院办公厅印发《关于进一步减轻义务教育阶段学生作业负担和校外培训负担的意见》(以下简称"双减"),要求各地区各部门结合实际认真贯彻落实。同年8月,国务院教育督导委员会办公室印发专门通知,拟对各省"双减"工作落实进度每半月通报一次。

"双减"政策的出台,不仅引发了整个教育界和教育培训领域的强烈震动,使得大量教育培训机构相继解散或转型,其中不乏许多知名品牌,同时也对大量家庭造成了一系列不同程度的影响。除去经济上的损失,更重要的还有精神上的无所寄托和不知所措,其改变了家庭既有"教育"的模式,即过度依赖校外培训机构。该政策出台后,全社会对"双减"的关注热度持续不减,以百度为例,大数据显示自2021年7月24日至2022年3月,百度的日均搜索量维持在6 896次。

然而"双减"后就不用"鸡娃"了吗?对此,答案恐怕是不言而喻的,如果家长们对家庭教育的观念不改变,那么只要教育焦虑依然存在,这场死循环就无法终结。1936年人们第一次观察到同样作为社会性动物的行军蚁有一种奇怪的行为,即几百只蚂蚁组成了一个死亡怪圈。这一现象持续了一整天时间,一场大雨甚至都没能阻止它们。后来的研究发现,行军蚁群的特性是会靠不断的运动来寻找食物。领头的蚂蚁会留下一种信息素痕迹让其他蚂蚁嗅出并跟踪。但是当它出现问题的时候,追踪信息素痕迹的蚂蚁可能会形成一个死循环,而且如果这个循环不被打破的话,这些蚂蚁或许永远都无法逃离,蚂蚁的例子值得我们深思和警醒!

---

① 耿羽.莫比乌斯环:"鸡娃群"与教育焦虑[J].中国青年研究,2021(11):80—87.

其实早在1790年，德国著名的哲学家伊曼努尔·康德在他的《判断力批判》中就提出了内卷的概念，他说："事物的演化可以向内演化，也可以向外演化。向内演化叫内卷（involution），向外演化叫进化（evolution）。向外演化的'进化'是存在着无限可能，无限的发展空间；而向内演化的'内卷'，则注定是一条越走越窄的路。"

"双减"政策要落地离不开国家政策的指引和社会系统的支持，但更需要的是家庭教育的跟上。家庭教育指导师要做的就是，帮助家庭走出这样的死循环，但其要走出来，靠的并不是外力，而是对既有观念的打破、重塑更广阔更长远稳定的价值观，只有这样才能做出理性和正确的选择。

三、沉重的社会新闻反映青少年极端问题

即使不是教育学、心理学或社会学方面的专家，大家也能在社交媒体和新闻报道中屡屡感受到这种趋势，那就是青少年恶性犯罪事件越来越多、青少年患心理疾病甚至自杀的人数越来越多。更为可怕的是，以上各种报道中的孩子的年龄似乎越来越小。

1. 极端的未成年人犯罪案件

据国家统计局数据显示，2020年，中国未成年人犯罪人数为3.4万人，占同期犯罪人数的比重为2.21%。虽然2010年至2020年间，未成年人犯罪人数总体下降50.5%，但近20年"弑父弑母统计数据"揭开的真相更令人震惊。青少年弑父弑母案中的犯罪者平均年龄从17岁下降到13岁左右，尤其是在2016年至2019年，年龄下降趋势尤其明显。2018年湖南省沅江少年弑母案中，犯罪者年龄竟低至12岁！2019年4月被抓获的北大学子吴谢宇在行凶时还是一个未满21岁的青年。另外，令人揪心的是留守儿童犯罪人数约占未成年人犯罪人数的70%，并且还有逐年上升的趋势。在这些弑父弑母案件中，发生在农村的比例占80%，发生在城市的占20%。其中，与父母分离、有留守经历的占比达52.17%。在弑父弑母的案件中，青少年犯

罪者的家庭相处模式都存在不同问题，包括过于严厉、过度溺爱、过度保护、惩罚严格、争吵频繁等。这些家庭伦理悲剧的社会影响巨大，不得不引人深省。

抛开法律层面的犯罪动机，青少年的心理、行为方式、成长环境无疑都是引发这些极端案件的变量，而这一切都指向同一个重要因素——家庭教育。一如研究发现，80%的留守儿童都有着心理方面的疾病。

2.抑郁和自杀

另一组数据来自2020年中国国民心理健康蓝皮书，即《中国国民心理健康发展报告（2019—2020）》，截至2020年，我国有24.6%的青少年存在抑郁，其中重度抑郁的比例为7.4%。青少年抑郁数据的调查结果还有以下特点：

女生抑郁人数高于男生，非独生子女高于独生子女。女生有抑郁倾向的比例为18.9%，高出男生3.1个百分点；重度抑郁的比例为9%，高出男生3.2个百分点。非独生子女有抑郁倾向的比例为17.3%，与独生子女相当；重度抑郁的比例为7.7%，高出独生子女1.4个百分点。

抑郁随着年级的升高而升高。小学阶段的抑郁检出率为一成左右，其中重度抑郁的检出率约为1.9%~3.3%；初中阶段的抑郁检出率约为三成，其中重度抑郁的检出率为7.6%~8.6%；高中阶段的抑郁检出率接近四成，其中重度抑郁的检出率为10.9%~12.5%。[1]须知重度抑郁的发生并非一朝一夕，检出率并不代表真正的发病年龄。由此可见，中国青少年和儿童中发生抑郁的年龄已低到小学阶段，甚至更早！

据世界卫生组织的统计数据显示，每年有近80万人自杀，相当于每40秒就有一个人以这种形式结束自己的生命；自杀成为全球15~29岁人群主要的死亡原因之一。有数据表明，在我国自杀者中15~24岁的青少年占50%~70%，其自杀的平均年龄仅为22.5岁，自杀群体低龄化正在成为一种趋势。关于自杀的原因，国内外的心理学、社会学、医学学者都尝试着以不同视角或多学科联合分析并给出答案，探索各种解决方式的脚步也从未停歇。

---

[1] 傅小兰，张侃，陈雪峰等.中国国民心理健康发展报告（2019—2020）[M].北京：社会科学文献出版社，2021-01.

我国学者也陆续开展了一些对自杀身亡青少年的心理解剖研究。例如，吴才智等（2018）以100例自杀身亡的大学生作为研究对象，发现其中89%的人在自杀前均遭遇过应激事件，检出率排在前三位的分别是学业受挫、爱情受挫和严重家庭冲突。[1]但学者刘昱君等（2021）在讨论《多学科视角下的儿童和青少年自杀研究》中指出我国目前研究的局限性并提出问题："目前我国儿童和青少年自杀的实证研究还处于快速发展阶段，现有研究以法医学、流行病学和心理学研究为主。此外，现有研究大多只是检验西方的自杀理论，没有充分考虑到我国独特的文化背景。这方面有待挖掘的问题还很多。比如，强调学业成就的社会文化如何影响儿童和青少年的自杀行为？在不同教养方式的家庭中，儿童和青少年的自杀风险是否存在差异？"[2]正如上文中提到的"鸡娃"和内卷，倘若家长们只关注孩子的学习成绩和表现而忽视了他们的心理成长，长此以往多才多艺的外壳下容易长出来"空心"的孩子们，从而影响其身心健康和未来的人生。最近的新闻报道中，广州有位单亲父亲，辞去高管职位全职带娃，事无巨细，一切以孩子为中心。他的孩子很优秀，上高中时就拿20万元一年的奖学金，毕业后更是以接近满分的托福成绩申请到素有"美国南部哈佛"之称的埃默里大学留学，然而不久之后便选择自杀。这样的新闻让整个社会为之沉重、为之痛心。

无论怎样，学界研究少年自杀原因的最终目的还是为了解决问题和防止这样的悲剧再次发生。这些问题让我们又回到"家庭教育"这一问题的出发点，从家庭教育的本体入手，该怎样尽早为家庭树立正确的生命观，是家庭教育指导工作需要思考和深入的议题之一。

四、家庭教育工作意义重大

前面这些现象和数据背后是千千万万受到长期影响的家庭，对整个社会乃至

---

[1] 吴才智，于丽霞，孙启武，等.自杀大学生中的应激事件［J］.中国临床心理学杂志，2018，26（3）：472—476.
[2] 刘昱君，刘林平.多学科视角下的儿童和青少年自杀研究［J］.青年研究，2021（2）：61—72，96.

国家和民族更是具有巨大的负面影响。"少年强则国强",而少年的身心健康和强大需要的是国家、社会和家庭多方土壤的滋养和培育。维护和促进国民心理健康、提高心理健康素养水平,国家、社会做了以下努力:(1)加强心理健康服务的供给;(2)规范化建设;(3)关注重点对准中西部地区的心理健康资源;(4)加强对低学历、低收入群体的心理健康服务;(5)提升国民心理健康素养水平。

而家庭对青少年的影响是最直接、最深远的。就以上这些孩子们身上显露出的问题来看,除了针对青少年心理问题和疾病的治疗和干预,每个家庭必须要透过这些数据和孤立事件的表面,看到家庭教育中的盲点和缺失,从源头解决问题、从最小处入手,在问题和疾病发生前把风险因素降到最低,这才是预防此类事件发生的处理原则,且刻不容缓!

如果把家庭比作土壤,孩子比作庄稼,那么家庭教育指导工作的重心就不能仅针对孩子出现的种种问题,最为重要的是先重视家庭这块"土壤"的改良。诚如大自然的规律,什么样的土壤长什么样的庄稼,家庭教育工作最为迫切的入手点便是帮助家长一起认清自己在家庭教育中的主体责任和作用,针对家长也就是针对家庭环境,开始进行全方位的改良。

第二节　家庭教育指导师

一、我国家庭教育指导师产生的现实背景

1.家庭教育问题引起社会广泛关注

在各种现象、问题和数据面前,关注家庭教育已然成为每个家庭乃至整个国家势在必行的重中之重。在中国社会漫长的历史进程中,我们可以看到以"家庭"为单位的教育主导的形式渐渐弱化、甚至淡出,再到现如今重新被发现和关注的过程。

党的十八大以来，习近平总书记对家庭、家教和家风建设有过许多重要论述。这是因为家庭是国家发展、民族进步、社会和谐的重要基石，千家万户都好，国家才能好，民族才能好。2021年2月23日中共中央、国务院印发的《中国教育现代化2035》中提出了对未来中国的教育，特别是家庭教育的愿景，即"重视家庭教育和社会教育。丰富家庭教育资源，加强对家长的教育指导服务，通过家长学校、家长会、家校委员会等多种方式，引导家长树立正确教育观念、掌握科学教育方法，注重家风建设，推进家庭学校共同育人。积极发展内容丰富、形式多样、规范有序的校外教育。大力发展社会教育，构建学校和各级党政机关、社会团体、企事业单位及街道、社区、镇村、家庭协同育人格局。统筹协调社会资源支持服务家庭教育，促进全社会负担起青少年成长成才的责任"。

伴随着"双减"政策的出台，国家开始实施教育系统的整治，2019年6月23日中共中央、国务院在《关于深化教育教学改革全面提高义务教育质量的意见》中明确提出重视家庭教育："加快家庭教育立法，强化监护主体责任。加强社区家长学校、家庭教育指导服务站点建设，为家长提供公益性家庭教育指导服务。充分发挥学校主导作用，密切家校联系。家长要树立科学育儿观念，切实履行家庭教育职责，加强与孩子沟通交流，培养孩子的好思想、好品行、好习惯，理性帮助孩子确定成长目标，克服盲目攀比，防止增加孩子过重课外负担。"

而家庭教育是一项非常系统的工程，可谓宏微并举。宏观方面需要国家层面加强顶层设计，统筹规划和协调管理，确保相关政策落地见效。政府需要提供资源和制度保障，加强专业人才培养，不断提升家庭教育与队伍专业化水平。坚持教育公平和弱势补偿原则，强化分类指导和支持。微观方面具体到每个家庭个体成员之间的相处方式、应对模式和个性化问题的解决等。每个家庭都需要不断地学习调整，通过时间的积淀、实践的积累来打磨，另外还需要与学校教育、社会教育相协调，使国家政策能够进一步落地并渗透到生活的方方面面。目前，家庭教育落地这一块亟须国家和社会的支持和帮助。

2. 针对家庭教育指导的需求真实而迫切

随着家庭教育观的时代变迁，越来越多的新生代父母开始认同家庭教育的重要性和自己在家庭教育中的主体责任。但关于如何进行正确科学的家庭教育，如何解决家庭教育中存在的种种实际问题等家庭教育指导服务存在大量缺口，此需求显得真实而迫切。

一项来自上海2019年的调查[①]，其采用拦截面访的方式，有效样本量为1 949个家庭。被访者家里均有3~15岁的少儿，覆盖幼儿园（3~6岁，占49.9%）、小学（7~11岁，占31.8%）、初中（12~15岁，占18.2%）三个学龄段。该调查的结果显示：九成以上家长意识到自己在家庭教育中扮演"第一老师"的角色；八成以上家长希望得到家庭教育方面的指导，其中14.9%的被访家长表示"强烈希望"。对于家庭教育指导的形式，40.7%的被访家长希望以系统教育的方式，包括按年龄特征的、系统的、实用性比较强的家庭教育指导；25.1%希望以分类的方式；13.7%希望以疑难解答的方式；11.1%希望以亲子活动等实践教学的方式；8.7%希望以一对一指导的方式。

家庭教育的关注点应根据孩子的年龄阶段不同而呈现不同的偏重。3~6岁、7~11岁和12~15岁年龄组，被访家长最主要的关注点归纳如图1.2所示：

年龄组	家庭教育关注点	人群比例/%
3~6岁	适应幼儿园生活	45.0
	良好个人卫生习惯的养成	41.7
	自理能力和劳动习惯的培养	40.0
7~11岁	良好学习习惯的养成	52.6
	适应小学学习生活	43.2
	掌握正确的学习方法	41.4
12~15岁	身心健康、人格完善	89.2
	青春期孩子生理、心理变化指导	46.3
	独立自主能力培养	43.8
	充分了解并尊重孩子	43.2

图1.2 家庭教育关注点

---

① 上海市3~15岁少儿家庭教育现状调查[J].上海质量，2019（11）：48—54.

另一项研究问卷采用自编"新生代父母家庭教育问卷"[①]，包括基本资料项、其他相关信息项、对"核心素养"的重视情况，在天津、济南、青岛、福州四个地区对新生代父母发放问卷500份，收回有效问卷442份。受访对象的基本情况如下：男172人，女270人；农村173人，城市269人；"80后"326人，"90后"116人。该问卷的结果显示，50%以上的新生代父母能意识到自己在家庭教育中的重要作用，87.1%的新生代父母已经在有意识、有计划地培养和教育子女。

值得注意的是，该问卷反映出目前新生代父母在家庭教育上主要依靠自我摸索、主观性强、科学性不足的特点。其中，父母通过多种方式学习家庭教育：借助媒体（电视、网络）的占74.1%；通过与长辈、朋友等交流的占72.8%；向孩子所在学校教师求助的占47.2%；通过看书、参加相关培训等其他方式的占52.6%。而对于通过这些方式获得的有关家庭教育的知识是否科学和正确，67%的父母表示自己并不确定。

同一线城市的调查结果一致，93.7%的父母认为国家有必要对家庭教育进行指导。由于社区是家庭活动的主要区域，该问卷调查结果显示，81.2%的父母表示愿意参加以社区或村庄为平台举办的家庭教育培训活动。

以上的调研问卷反映出，家长在教育的实践过程中，普遍存在着期望与能力、效果与方法之间的落差。由于代际之间教养理念的差异，祖辈的经验并不能完全满足当代家庭的实际需求，而来自网络、App和公共媒体上的指导和宣教虽然数量繁多，但是真正能指导家庭教育理论与实践操作相结合的并不多。学校和社区的指导和讲座以及商业培训课程往往只能覆盖短期需求而缺乏中长期的跟随指导，因此依然无法满足复杂多变的现实情况。基于这些现实需求，提供正确的、有针对性的和可操作性的家庭教育指导就显得尤为重要和迫切。

---

① 张妍萃，王敬欣，姚艳华.新生代父母家庭教育的现状、问题及对策［J］.少年儿童研究，2019（11）：38—45.

3.我国家庭教育指导人才的巨大缺口

据统计，在欧美等发达国家，每300人就拥有1名家庭教育指导师，全美国拥有家庭教育指导师80万人。目前我国3~15岁在校少儿约1.8亿个，加上3岁以下的幼儿家庭，这意味着我国有两亿以上的家庭需要家庭教育指导服务。如果依照目前美国的情况，按照每80个家庭需要1位家庭教育指导师计算，我国这方面人才缺口约为250万。而我国目前具备高素质的家庭教育指导人员尚不到2万人，平均每7万人才有1名家庭教育指导专家。由此可见，当前我国家庭教育指导师处于极度匮乏状态，国家亟须大规模培养高质量的家庭教育指导人才。

二、我国家庭教育指导师产生的法律背景

2018年，家庭教育指导专项职业能力培训在这样一个现实背景的呼唤下产生了。家庭教育指导师的培养，旨在建立一支高素质专兼职相结合的家庭教育指导师专业队伍；普及科学的家庭教育理念和先进、实用的家庭教育方法；提高我国家庭教育的工作水平，促进青少年的健康成长及和谐家庭建设。[①]

2021年10月23日，我国首部家庭教育领域专门立法——《中华人民共和国家庭教育促进法》（以下简称《家庭教育促进法》）经第十三届全国人大常委会第三十一次会议表决通过，并在2022年1月1日起施行。该法明确："未成年人的父母或者其他监护人负责实施家庭教育。国家和社会为家庭教育提供指导、支持和服务。"

根据中国人大网的解读，本次新制定的《家庭教育促进法》有两大亮点：一是将家庭教育由旧时期的传统"家事"上升为新时代的重要"国事"；二是贯彻落实中央的"双减"政策，彰显家庭教育的重要地位和作用。

同时，在内容方面，《家庭教育促进法》明确规定了一个根本任务，即"立德树人"。在国家和社会为家庭教育提供的支持和服务方面，可以看到家庭教育指导

[①] 家庭教育指导师课程.中国国家培训网.2022-01-28.http://www.chinatraining.com.cn/.

师未来的发展方向，即"省级以上人民政府统筹建设家庭教育信息化共享服务平台，县级以上人民政府确定家庭教育指导机构，组织建立家庭教育指导服务专业队伍，开展家庭教育服务工作，并对家庭教育存在一定困难的家庭，特别是留守未成年人和困境未成年人家庭，提供有针对性的家庭教育服务"。

三、家庭教育指导师的职业道德准则

作为家庭教育指导师，对于"家庭教育"这块自古以来便属于"私人领域教养"的涉足和深度参与，有着不言而喻的特殊性。诚如古今中外对特定职业逐渐形成与发展起来的、具有稳定性和连续性的道德规范，家庭教育指导师首先需要明确以下基本的职业道德准则[①]：

尊重服务对象，满足服务需求；

保护个人隐私，严守咨询秘密；

坚持诚实守信，禁止滥用信用；

语言举止文明，素质能力相宜；

遵循公序良俗，遵守法律法规；

弘扬家庭美德，促进社会和谐。

恪守基本的职业道德准则是底线，而如何实现并拥有更进一步的执业能力又是下一个需要深入思考和践行的功课。

---

① 参考婚姻家庭咨询师的职业道德守则，链接：婚姻家庭咨询师_百度百科（baidu.com）.

第二章
家庭教育中不可或缺的生命成长观

第一节 认识人体生命

近年来，身心疾病低龄化，高校学生自杀、伤人等极端事件频发，让全社会对生命教育这一主题日渐重视起来。我们的下一代在身心方面出现的问题越来越普遍，问题的性质越来越严重，且呈现低龄化的趋势。这种种现象让我们不得不反思，我们的教育到底哪里出问题了？

教育的本质是生命对生命的影响，"理解人是教育的重要思想基础"[①]。如何完整地认识人体生命，对教育功能的全面、有效发挥，教育形式和教育内容的延伸和拓展至关重要。

一、现代西医对人体生命的认识

我们说的"西医"，通常是指"现代西方国家的医学体系"，它是在以还原论的观点研究人体生理现象与病理现象的过程中，发展出来的一门以解剖生理学、组织胚胎学、生物化学与分子生物学作为基础学科的医学体系。西医认为，人体生命是由父精母卵结合产生的，"是物质、能量、信息统一的整体，西医学对生命的认识，沿着机体、器官、细胞、分子、基因等层次逐步深入和精密化。西医学

---

① 肖川，朱咸丽.人的生命特征与生命教育[J].当代教育理论与实践，2021，13（6）：115—120.

是从人体的内部结构认识生命的"。[①]

还原论的哲学思想认为，复杂的系统、事物、现象可以化解为各部分之组合来加以理解和描述。"西医对待生命体所采取的还原论的方式，即把人体生命这种高级运动形式归结为机械、物理、化学、生物等之类的低级运动形式。现代西医的生命观念，正是在这种西方近代机械生命观的基础上生发出来的。"[②]

西医探究人体生命的优势在于它符合现代社会对科学的主流认知，通过一套既定的理性工具，针对身体的症状，处以药物、手术等疗法。但它把人作为一种缺乏主观能动性，并与自然、社会割裂的存在，难免有失偏颇。

二、传统中医对人体生命的认识

中医是中国传统文化的一个分支，百度词条显示："中医承载着中国古代人民同疾病作斗争的经验和理论知识，中医将人体看成是气、形、神的统一体。"在组成人体的气、形、神中，神又处于主导地位。中医经典《黄帝内经》（以下简称《内经》）灵兰秘典论篇说道："心者，君主之官也，神明出焉""故主明则下安，以此养生则寿""主不明则十二官危，使道闭塞而不通，形乃大伤，以此养生则殃"。由此可知，心这一脏所藏之"神"，是我们人体生命的"主人"。"主人"的明与不明决定了气的通道是否通畅，有形的肉体是否会受到损伤。

《内经》至真要大论篇中写道："天地之大纪，人神之通应也。"宝命全形论篇中写道："人以天地之气生，四时之法成""夫人生于地，悬命于天；天地合气，命之曰人"。中医把人体生命放在了天地的大背景中，人的生命通过人之神与天地的大规律互通。生命个体的产生、生存、健康、疾病的防治都处于天人相应的主

[①] 彭卫华.中西医生命认识之比较刍议［J］.内蒙古中医药，2014，33（11）：123，113.
[②] 高炜，俞颖杰.东、西方对生命认识的不同观念——从比较传统中医与现代西医的观念来看［J］.牡丹江大学学报，2012，21（1）：3—5.

客关系当中[①]。

所以，中医对人体生命的认识，除了肉眼可见的形体、脏腑等之外，还有看不见摸不着的"气"的层面，两者之上，还有能做主的"神"的部分。并且，这样一个三位一体的人又是一个与天地自然互通互应的生命存在。不难看出，中医对人体生命的理解较西医更为全面、立体，但由于缺乏主流科学验证方法的支撑，其在大众的接受度上显示出弱势。

三、心理学对人体生命的认识

目前我国的心理学，大多沿用的是西方心理学的理论体系和实践方法。"心理学作为一门科学出现是在19世纪末，是当研究者们将生理学、物理学的实验技术应用到研究一些来自哲学的基本问题时才产生的。"这些哲学问题有我们熟知的哲学三问：我是谁？我从哪里来？要到哪里去？还有"古希腊哲学家柏拉图（公元前427—前347）和亚里士多德（公元前384—前322）提出的基本问题：心智如何运作？自由意志的本质是什么？公民个体与其城邦或国家的关系是什么？"[②]

由此我们可以看到，现代心理学更多的是以科学研究的方法，从个体的行为及心智过程切入来探究人体生命，以期回答来自哲学对人生的思考。翻开心理学的通用教科书不难发现，心理学的研究对象大多集中在个体心理行为方面，如认知、动机、情绪、能力和人格等，个体心理现象、个体意识与无意识、个体心理与社会心理等。主流的心理学流派也大多是从外在现象、行为、认知等方面来认识心理机制的运作，但对决定外在现象和行为更深层的潜意识或无意识却尚未有定论。

由于研究方法的约束，以及培养方式的传统化，心理治疗师队伍的数量和质

[①] 高炜，俞颖杰.东、西方对生命认识的不同观念——从比较传统中医与现代西医的观念来看[J].牡丹江大学学报，2012，21（1）：3—5.

[②] Richard J. Gerring, Philip G. Zimbardo.心理学与生活（第19版）[M].王垒，等，译.北京：人民邮电出版社，2016：6.

量都显然无法应对我国当前社会越来越普遍和复杂的心理问题困境。当前心理学研究的新热点是积极心理学,相较传统心理学,其采取了更加包容的态度,以实证的研究方法为主,同时也不拒绝非实证的研究方法。积极心理学注重对人性优点和价值的研究,提倡用一种积极的视角来对个体的心理或行为问题做出新的解读,并在此基础上调动个体自身的内在积极潜力。实相心理学也主张人体生命是身心一体的存在,与其他心理学流派不同的一点是,实相心理学对心的认识不是由心向下,在其呈现的行为、情绪、记忆、人格、认知等方面扩展,而是从个人当下的状态起步,通过对觉察能力口传心授的训练,借助生活中的具体事件,让埋藏于个体内心的生命力逐渐凸显出来,从而自然实现自主的幸福人生。

四、哲学对生命的认识

哲学一词起源于希腊语,原意是"爱智",引申为对一些基本信念的基础进行检查,并对用来表达这些信念的基本概念进行分析[1]。

西方哲学对生命的看法主要有三种:第一种以柏拉图为代表,在柏拉图那里,只有精神的生命,作为承载精神生命的肉身则是需要管控和纠正的对象。第二种以尼采为代表,他认为"要以肉体为出发点,并且以肉体为线索。肉体是更为丰富的现象,肉体可以仔细观察"。[2]尼采所说的生命存在不是上帝的启示或者形而上的观念,而是肉体化的生命本身。第三种以法国身体现象学家梅洛·庞蒂为代表,他运用实证科学,消解了灵肉对立的哲学叙事,为人们展示了一个有血有肉、生生不息、身心合一的生命世界。在他看来,现象学的身体是能进行观看和能感受痛苦的存在,唯有挺身于世界,世界的意义才能在身体知觉的感知中不断拓展、延伸。[3]

---

[1] 不列颠百科全书(第13册)[M].北京:中国大百科全书出版社,2007:245.
[2] [德]尼采.权力意志[M].张念东,等,译.北京:中央编译出版社,2000.
[3] 冯合国.走向生命治疗学——现代西方哲学发展的一个动态研究[J].深圳大学学报(人文社会科学版),2015,32(1):24—29.

中国哲学作为一种生命之学，既是心的学问，也是身体的实修之学。我们都知道，道家是修身的，佛家是修心的，儒家是入世的。其实，道家看似在修身，但在其高级层面的训练中会从身转向心。佛家直接修心，其在身体的实修上借鉴了各家修身的共法。儒家格物而后致知，致知而后意成，意成而后心正，心正而后身修，它是以一己之心入道的内圣外王之学。

除此之外，我国现阶段研究和倡导的马克思主义生命观"视生命意义的实现为其价值焦点，继承了古典哲学和现代哲学关于生命认识的唯物主义成分，还吸收了生物学、人类学中关于生命起源、演化的思想和知识，建立了关于'现实的人'的科学思想理论"[1]。其视野主要关涉自然、社会和人本身，认为人的生存与发展是不断解决人与自然、人与社会、人与自身矛盾的过程，将人的生命放置于一定的社会关系中，通过生产力与生产关系的矛盾运动规律，人既确认了自我生命的存在，又推动了个体生命和社会整体生命的不断发展。[2]

综上各学科对人体生命的认识不难看出，人体生命至少包含了身和心或者说主和客两个维度，对人体生命认识的全面与否决定了教育的出发点是立足于本还是末，并对随后教育方式、方法的选择，评价体系的制定等起着基础性的决定作用。

第二节　人体生命成长初探

我国著名哲学家、教育家高清海（1930—2004）认为，"生命是属于人的本体，是人与他物的联系和区别的首要体现，只有从生命这一人之本体的变化入手，探究何以实现人的意义和价值的基本方式，才能真正理解人的本性、领会生命的深刻意涵"[3]。

---

[1] 张懿，于鸿君.国内马克思生命观研究现状及展望［J］.社会科学家，2021（12）：48—53.
[2] 刘妍.整体生命观：马克思主义与古典儒学的融通性探析［J］.理论导刊，2021（5）：99—105.
[3] 高清海.思想解放与人的解放［M］.哈尔滨：黑龙江教育出版社，2004：298.

具体来说，家庭教育指导活动的主体需要对人这一生命体成长变化的客观规律及其主导因素有所认识，才不至于在面对生命的教育这项活动中南辕北辙。

一、人类生命的纵向成长规律

人的一生经历着无数的变化，这里我们借用医学和心理学中有关人体生命不同年龄阶段，在生理、心理和社会化等方面的成长规律来纵向梳理一下。需要说明的是，因为生理方面从出生以来直至生命终结都有着持续、反复的变化，故而，我们只对心理发展产生重要影响的变化作出说明。

1.胎儿期（从受孕到出生）

人体生命始于母亲的卵子和父亲的精子结合形成的受精卵。受精的过程不但决定了个体的性别，同时父母的某些特征也会通过受精过程传递给下一代。这一时期又可以分为胚芽期（0~2周）、胚胎期（2~12周）和胎儿期（12周到出生）。在胚胎期，主要身体系统，如心脏、脑部、肾脏、肝脏和消化道都开始形成，胚胎快速的生长和发展导致这一时期的胚胎最容易受到环境中不利因素的伤害，几乎所有生理发展的缺陷（兔唇、肢体不全、盲、聋）都发生于怀孕的前三个月中。[1]德国麻疹、X射线或原子辐射、性病、吸烟、酗酒、毒品和某些药物都会影响胎儿的正常发育。除了这些外部环境的影响，卵子和精子的质量，母亲的年龄、身体和心理的状况等也会影响胎儿的成长发育。

2.婴幼儿期（足月出生到约6岁）

出生后，婴儿的生理发展在外主要表现为身高、体重、头围、胸围、牙齿和骨骼的发育等方面，在内主要表现为大脑的发育以及突触的生长等。大脑皮层单位体积内的突触数目（突触密度）在婴儿出生后迅速变化。与突触密度的变化相应，神经回路在出生后也会继续发育。出生时婴儿脑的神经元数量已与成人相似，

---

[1] 彭聃龄.普通心理学[M].北京：北京师范大学出版社，2020：533—534.

但是神经回路的构建远没有完成，有些回路尽管已经建立，但并不稳固。[①]

除了生理上的迅速变化，婴幼儿的感知觉和各种动作的发展也在协调进行着。动作的发展与婴幼儿的空间认知、概念形成、社会交往、去自我中心化有着密切的关系。[②]奥地利的思想家、教育家鲁道夫·斯坦纳认为："此阶段的幼儿以感觉的方式学习，在其意识中，他自己和世界是一个统一体，周围的一切都影响着他的生命组织构成力。"[③]

3. 儿童期（约6岁到约11岁）

儿童两岁时，脑部大约为成人大小的3/4，随后，头部发育速度变缓，躯干开始快速发育，头部占身体的比例开始缩小。到4岁时，脑的大小已与成人十分接近；10岁时，儿童的头部发育基本完成，而躯干会继续增长，直至青春期结束。[④]

儿童7岁左右开始换乳牙，从母亲那里得到的器官组织已完全更新，乳牙的脱落和新牙的生长是形成真正的自己的身体的最后一步，这象征着精神载体的自我构造完成，生命体的力量从建造身体的阶段进入建造情绪体的阶段。鲁道夫·斯坦纳认为："这个时候，人的意识已从环境中独立出来，开始用自己的眼睛来观察外面的世界，用心体会，形成自己的内心世界。"但此阶段，儿童的思维尚局限于具体的事物，必须看到实物才可以思考，理性的说教对这个阶段的儿童来说往往是徒劳的。[⑤]

4. 青春期（约11岁到约20岁）

这一时期是一个人从儿童成长为成人的过渡时期。青春期最明显的变化是身高和体重的迅速增长。此外，由于激素的大量分泌，第二性征的发育也凸显出来。进入青春期的年龄具有很大的个体差异。在青春期，大脑开始有选择地清除很少

---

① 彭聃龄.普通心理学［M］.北京：北京师范大学出版社，2020：534.
② 彭聃龄.普通心理学［M］.北京：北京师范大学出版社，2020：535.
③ 孙瑞雪.完整的成长［M］.北京：中国妇女出版社，2017：358.
④ 彭聃龄.普通心理学［M］.北京：北京师范大学出版社，2020：534.
⑤ 孙瑞雪.完整的成长［M］.北京：中国妇女出版社，2017：359.

用到的神经元之间的连接。研究证实，在青春期有两个脑区的变化尤其重要，即负责调节情绪过程的边缘系统和负责计划、控制情绪的前额叶。但是，边缘系统比前额叶更早发育成熟。这些脑区变化的相对早晚可以解释青春期社会性发展最突出的一个方面，即青少年往往容易做出一些危险行为。在前额叶和边缘系统建立新的连接后，个体便能够对情绪冲动进行更多的认知控制[①]。

此阶段，个体的心智逐渐走向成熟，形成了个人的判断力、独立的思想和抽象的理想，这个阶段决定一生努力的模式。个体在自己能集中兴趣的领域内做深度的探索，是一个在缩小的范围内做抉择的阶段。

5. 成年期（约20岁到约65岁）

成年期中，我们把约20岁到约40岁定义为成年早期，约40岁到约65岁定义为成年中期。这一时期的个体"上有老、下有小"，面临着生活和工作的双重压力。在成年期中，生理上的变化不是很明显，根据《黄帝内经》对这一阶段的描述，我们身体上的能量总体上处于从平均到隆盛进而逐渐衰减的过程。大多数女性在50岁左右会经历更年期，生理上最明显的变化是月经和排卵停止。但对男性来说这种变化并不是那么突然，男性在40岁以后能够生育的精子的质量逐渐降低，精子数量在60岁以后开始减少。感知觉的敏感度也处于递减的趋势。

成年人的思维活动在一个更加综合的层次上进行，他们对外在刺激不是照单全收，而是用自己的生活经验对刺激加以过滤。埃里克森认为成年期的两项任务是亲密感和繁殖感。弗洛伊德将成年期的需求确定为爱和工作。马斯洛则认为这个时期的需求是爱和归属感。当需要被满足后，则又出现了对成功和尊重的需求。这些理论共同的核心在成年期，社会关系和个人成就占重要地位。

6. 老年期（约65岁以后）

在中国，这一年龄段的人们大多开始体验退休以后的生活，从以往忙于事业、

---

① Richard J. Gerring, Philip G. Zimbardo. 心理学与生活（第19版）[M]. 王垒, 等, 译. 北京：人民邮电出版社, 2016: 312.

抚育子女的繁劳中解放出来，这一新的生活状态会对个体的心理造成一定的冲击，需要一段时间来适应。同时，这一时期个体的生理机能进一步衰减，一些较严重的健康问题会凸显出来，如糖尿病、高血压、关节炎、呼吸或消化系统的失调等。

随着年龄的增长，生理机能的衰退，许多进入老年期的人都会开始意识到死亡的问题。人们会倾向于回顾自己的一生，寻找生与死的意义。有一项研究是对39名平均年龄为76岁的妇女进行调查，发现那些觉得生活有意义的人最不畏惧死亡。

以上借用的医学和心理学方面的理论观点，基本上都是从生理和心理以及个体与社会互动的角度对生命成长过程进行的阐述。其中，心理的部分尚处于个体知情意层面的描述，对人体生命精神或者说心、神的层面则少有论述，下面我们就试着在人体生命做主的精神层面进行一番梳理。

二、人体生命成长的主轴

1. 精神生命是人体生命成长的主轴

根据本章第一节对人体生命的解读，我们知道人是身心一体的存在，人的肉体生命有着共性的成长规律，这一部分在我们的中西医著述中都有清晰的阶段性梳理，从胎儿期、婴幼儿期、儿童期、青春期、成年期到老年期，这一生理性的成长、成熟规律有其固定的节奏和客观标准，这一过程是自然发生的，几乎不受我们主观意志的改变，生老病死是我们每个人都会体验到的人生经历。但在人体有形的肉体生命中还蕴藏着精神生命，人既具有物质力量，又具有精神力量。唯物辩证法认为，任何事物的产生、发展和灭亡，都是内因和外因共同作用的结果。但内因是事物发展的根本原因，外因是事物发展的第二位的原因。"外因是变化的条件，内因是变化的根据，外因通过内因而起作用。"（《毛泽东选集》第1卷）因此，在人体生命成长中，相对于物质生命和外在的社会环境，精神生命才是人体生命成长的源动力,是我们探究人体生命成长的主轴。

生命成长有一个大前提,所谓"种瓜得瓜,种豆得豆",西瓜的种子会长出西瓜,黄豆的种子有合适的环境会长出黄豆,但西瓜的种子长不出黄豆。在孙瑞雪《完整的成长》一书中,提到了"精神胚胎"的概念,这一概念最早是由玛利亚·蒙台梭利提出的,"胚胎的本意是指一个能生长成为某个复杂成体,但还没有任何直观显示的简单生命体。那是一个具有确定生长未来、生长趋向与生长密码的生命体。精神也像生理一样。婴儿作为一个精神体,在成长的一开始就决定了,精神胚胎决定了它将是一个或者说将成长为一个精神个体。一个精神胚胎将创造出一个独一无二的精神个体"。[1]通俗地说,虽然都是西瓜,也会有甜美、黑玉、花豹、早春红玉等不同品种,就算是同一地区出产的同一品种,今年的果和去年的果也不一样,因为时空环境今年和去年就不一样。即使同一根藤上结出的瓜,外形、花纹、口感也不完全一样。自我独特性或唯一性是每个人有其个人价值的理由和根据。[2]

2.人体精神生命的成长路径

人因其物质生命才具备了在一定的社会关系中开展实践活动的可能性,物质生命是精神生命得以升华和超越的物质载体,社会实践的展开是精神生命成长的实现路径。从马斯洛的需求层次理论可以看出,人作为一种集生物性、社会性和精神性于一体的生命存在,其内在需求也可以分为自然需求、社会需求和精神需求。对自然需求的满足是社会需求和精神需求得到满足的前提。人的社会需求的满足在一定程度上体现为人在现实社会中不断自我发展、自我超越和自我实现的过程。人作为自然生命,要学会生存;作为社会生命,要融入社会生活;作为精神生命,要进一步探寻生命的价值和意义。[3]那么,个体独特的生命价值和意义是

---

[1] 孙瑞雪.完整的成长[M].北京:中国妇女出版社,2017:276.
[2] 加缪.西西弗的神话[M].桂林:广西师范大学出版社,2002.
[3] 肖川,朱咸丽.人的生命特征与生命教育[J].当代教育理论与实践,2021,13(6):115—120.

如何呈现的？人的自我发展、自我超越和自我实现又是一种怎样的过程？对以上问题的清晰需要持续一生在"知行合一"前提下的螺旋式上升。内心对这一过程的逐渐明白，也就是对人体生命成长路径的清晰。

3.人体精神生命成长的条件

《说文解字》云："成，就也""就，高也、异于凡也""长，久远、高远、久则变化"。从字面意思不难看出，成长是一个变化的、向上的过程，并且这一过程是持续的，这一持续向上变化过程指向的对象就是我们的精神生命。假如你此刻是一位在孕期的准妈妈，你能预测你的孩子在5岁时、15岁时、50岁时是什么样子吗？"精神生命是人探索宇宙奥秘、洞悉人情意义的渴望，是促进历史发展和提升人类境界的渴望，是超越现实和眺望未来的渴望，是建构新理想和创建新生活的渴望。"[1]鉴于精神生命的独特性和精微性，我们对人类精神胚胎所蕴含的信息可谓知之甚少，因此，我们能给予精神生命成长的最好"土壤"就是陪伴、尊重和自我的终身成长。

第三节　生命成长视角下的家庭教育

一、生命成长视角下的教育

教，《说文解字》中云"上所施，下所效也"，上施下效为教；育，"养子使作善者"。从字面意思看，教育尤其是家庭教育，不仅有抚养下一代的功能，还有受教者对施教者言行的效仿。施教者的教育，不仅有有形的指导、教导的成分，还有无形的教化、感化的成分。除此之外，还有另一个需要注意的层面，即"上所施"的部分是否能导向"使子作善"，在当今这个瞬息万变的大环境中无疑也要求

---

[1] 刘燕萍.人的生命价值的哲学思考[D].济南：山东师范大学，2008.

施教者有终身成长的心态。

《国家中长期教育改革和发展规划纲要（2010—2020年）》（以下简称《纲要》）中写道："百年大计，教育为本。教育是民族振兴、社会进步的基石，是提高国民素质、促进人的全面发展的根本途径，寄托着亿万家庭对美好生活的期盼。"从中我们可以提取出教育的目标有：民族的振兴、社会的进步、国民素质的提高、人的全面发展、家庭的美好生活。那么，在诸多目标中最根本的是什么呢？《纲要》中还提到："把育人为本作为教育工作的根本要求，关心每个学生，促进每个学生主动地、生动活泼地发展，尊重教育规律和学生身心发展规律，为每个学生提供适合的教育。"国际21世纪教育委员会在向联合国教科文组织提交的报告中专门提出了"教育的首要作用之一是使人类有能力掌握自身的发展"。为了个体生命的成长与幸福，是教育最正当的价值追求[1]。由此可见，唯有民族、社会、家庭的最小组成单位——人，能够完整、全面、生动的发展，民族振兴、社会进步、家庭美好的大业才有可能实现。

所以，教育的落脚点最终落到了个人的生命成长上。"教育是服务于人的生命成长的文化行为，其作为人道主义事业，关注生命、成全生命是应有之义。"[2]

二、生命成长视角下的家庭

家庭是一种以婚姻、血缘或收养等关系为基础而形成的社会生活单位。家庭有狭义和广义之分，狭义的家庭是指一夫一妻制构成的社会单元，广义的家庭则泛指人类进化的不同阶段上的各种家庭利益集团，即家族。纵观家庭的组织形式，婚姻关系的确立是家庭的基础，夫妻之间的亲密关系是家庭的核心关系，继而才是亲子关系及其他家庭成员之间的关系。亲密关系是家庭中一切关系的背景板。

---

[1] 肖川，马朝阳，曹专.生命教育的内涵、价值与实施路径［J］.人民教育，2013（24）：12—15.
[2] 肖川，朱咸丽.人的生命特征与生命教育［J］.当代教育理论与实践，2021，13（6）：115—120.

进入婚姻关系前的男女，都是从婴幼儿到学龄儿童到青春期再走进婚姻殿堂的个体生命，他们在步入婚姻之前有着各自的成长经历和三观。进入婚姻组建小家庭，对男女双方来说都是人生中需要调整和适应的重大事件。俗话说"婚姻是女人的第二次投胎"，对男人来说又何尝不是。然而讽刺的是，对于这一件人生大事，我们的学校、社会却没有一种与时俱进的、可操作的科学指导。原生家庭对子女婚恋这一块的认知也是碎片化的。这就导致进入适婚年龄的男女们要么是凭直觉、本能，要么是借助社会主流的择偶标准，稀里糊涂地就走进了婚姻，组建了家庭。纵观当代中国婚姻现象的时代特征，晚婚晚育、不婚不育、闪婚闪离、婚内出轨、周末夫妻等现象屡见报端，结婚这一行为的事前、事中和事后成本令人叹为观止。如果家庭的核心关系品质不高甚至不稳定，那么在此基础上展开的亲子关系和其他家庭成员之间的关系都将受到不同程度的影响。

三、生命成长视角下的家庭教育

1. 家庭教育内容的生命解读

国家于2021年10月23日颁布的《中华人民共和国家庭教育促进法》，将家庭教育的概念明确为"父母或者其他监护人为促进未成年人全面健康成长，对其实施的道德品质、身体素质、生活技能、文化修养、行为习惯等方面的培育、引导和影响"。还说到"未成年人的父母或其他监护人应尊重未成年人的身心发展规律和个体差异，实施家庭教育应该关注未成年人的生理、心理、智力发展状况"。该法还明确了，家庭教育的根本任务是"立德树人，培育和践行社会主义核心价值观，弘扬中华民族优秀传统文化、革命文化、社会主义先进文化，促进未成年人健康成长"。

由此可见，家庭教育的责任主体是未成年人的父母或其他监护人；教育的内容涵盖未成年人的生理、心理和智力等方面，具体来说有道德品质、身体素质、生活技能、文化修养、行为习惯等内容；依循的路径是未成年人的身心发展规律和个体差异。"生理、心理、智力",面对这看似简短的六个字,延展开来可以说有无尽的知识,"但静态的知识未必一定能转化为教育的能力"。[①]家长们如果要在实际的家庭教育活动中有的放矢地操练起来,难度是可想而知的。那如何才能在这无尽的理论知识和教育技艺里抽取那个最核心的抓手呢?俗话说:"但得本,何愁末?"这就又回到了上文提到的人体生命成长的主轴。家庭教育是从孩子出生开始甚至出生前就开始并持续终身的教育。所以,在家庭教育中,我们越发需要把对孩子精神生命的养护放在首要的位置。有了御术之道,我们就能根据孩子各个阶段的发展特点以及个性化的需求自主地选择相应的知识或技艺去学习了。

2.责任主体对待家庭教育应有的态度

(1)终身学习、共同成长。面对一个新生命的教育,对于父母或者监护人来说,这可以说是一项全新的实践活动。虽然可能我们有过教育经验,甚至是某方面的专家,但是在家庭教育中,由于每个生命都是独一无二的,且家庭教育的时间跨度和内容广度都是学校教育和社会教育无法覆盖的,所以,作为教育主体的父母或监护人不得不在每一个当下都怀着学习的心态和孩子一起成长。

许多优秀父母的案例告诉我们,教育孩子的过程也是向孩子学习的过程,孩子们是一个个未经雕琢、未受污染的个体,他们身上保存着人类最珍贵的品质:好奇好问、纯洁天真、无忧无虑、活泼好动、不惧权威等,怀着敬畏心教育孩子,也就是在教育自己,与孩子一起成长是家庭教育最好的风景。[②]

(2)平等与尊重。作为家庭教育主体的父母,我们有比孩子更多的教育背景和生活阅历,在体格、体能上也处于强势地位,再加上稳固的心理结构和三观,让

---

① 王珊.改革开放以来我国家庭教育政策的行动逻辑——基于政策综合解释模型的分析[J].当代青年研究,2022(1):19—25.
② 朱永新.一本微言大义的家庭教育指导书——解读《中华人民共和国家庭教育促进法》[J].人民教育,2021(22):21—25.

我们面对孩子的时候很自然地处于居高临下的俯视姿态或者走向其另一面,即娇宠、放任。俯视和骄纵的本质都是我们对孩子绝对权威的体现。平等意味着父母需要放下自己某些自认为对的认知,在孩子出现看似"不正常""不好"的行为或状态时,依然保持客观、包容,与孩子不带立场和情绪的沟通。意识到儿童潜在的力量有可能不是规律所能涵盖的,特别是人类精神成长所蕴含的潜能,现代心理学和精神科学都在探讨,还有许多未知之谜的领域。① 所以,尊重每个生命个体独特的发展节奏和特征不得不说是一项明智之举。

(3)爱与护持。在纪伯伦的诗《孩子》里写道:"你们的孩子,都不是你们的孩子,乃是生命自己所渴望的儿女……你们可以给他们爱,却不可以给他们思想,因为他们有自己的思想。"父母对孩子有着自然的本能之爱,这种爱带着不计回报的无私奉献,但往往也带着父母自身对孩子的期待和要求。"他们的爱以拥有和占有为导向,以牺牲自我的成长为代价。"当孩子达不到我们的要求和期待时,我们很大程度上会失望、焦虑甚至"恨铁不成钢"。那么,除了自然的本能之爱,还有更智慧的爱吗?本能的爱如何得到升华呢?

智慧的爱,是我们给孩子的一种护持般的能量,这种能量形象地来说,可以借用一本心理学畅销书《园丁与木匠》中描述的其中一种育儿方式来类比一下。智慧的爱就类似于园丁对植物的那种顺其自然的照料和修剪。孩子出生时本就自带生命蓝图,就像植物的种子一样,遇到营养充足的土壤和合适的气候就会呈现出其本具的、独一无二的美。营养充足的土壤、合适的气候这些都是经过升华的父母本能的爱的呈现,这些呈现跟我们施教的内容关系不大,反而和我们施教时的样子、姿态和气息密切相关。所谓"言传身教",有时候你是什么样的人,比你对孩子说什么话更重要。

---

① 康丽颖,李媛.家庭教育当合"规"合"道"[J].人民教育,2021(22):31—34.

第四节　构建完整的生命成长观在家庭教育中的意义

一、让孩子健康成长

世界卫生组织已明确健康的定义："健康是一种身体上的、心理上的和社会适应方面的良好状态，而不仅仅是没有疾病和虚弱现象。"由此可见，健康是一个人生命状态的整体呈现，健康的前提是人体完整生命观的构建。人体生命是身心相连的，心情不好，身体的健康会受影响；同样，身体不好，情绪也会受影响。良好的"自我疗伤"能促进身心健康，不良的"自我疗伤"有可能引致更为复杂的问题。[1]

据报道，目前我国儿童和青少年身体健康的三大杀手分别是肥胖、近视和脊柱侧弯。在心理方面，儿童自闭、多动症、青少年抑郁等也呈现多发趋势。这些身心疾病看似是独立的，但深究下去其背后的影响因素却是互相交织的。以多动症为例，"多动症组与非多动症组相关影响因素的比较结果显示：早产、分娩方式、窒息史、喂养方式、父亲教养方式、接触电子产品时间及家庭收入情况，在多动症与非多动症儿童中存在差异，且差异有统计学意义"[2]。其中，喂养方式、接触电子产品的时间这两个因素也是肥胖和近视的影响因素。面对看似错综复杂的影响因素与其组合后导致的各种健康问题，我们解开这一团乱麻的"线头"的过程，就是对完整生命观及生命成长主轴的理解与践行。

---

[1] 黄蘅玉.对话孩子：我在加拿大做心理咨询与治疗［M］.上海：上海社会科学院出版社，2018：5.
[2] 林惠芳,李兵,黄双苗,谭光明.儿童多动症相关影响因素分析［J］.中国妇幼保健，2021，36（23）：5484—5486.

二、让孩子具备在一切情境下都拥有幸福的能力

"幸福不是一种被动的感受,它需要人的主观努力,人的幸福需要有创造幸福的能力。"[①]既然创造幸福是一种能力,那么就需要我们有训练这种能力的意愿及训练之道。幸运的是,幸福是人生来就向往的,我们从来就不乏主动追求幸福的意愿。可为什么当我们的生活条件越来越好,有更丰富的食物、更便捷的交通、更迅捷的通信、更多的财富、更多的发展机会……社会上患有心理疾病的人口数量却出现了成倍的增长?问题就出在我们对幸福的定义和获得幸福的路径上。

获取幸福一方面取决于我们对外部事物的创造能力,除此之外,拥有幸福能力的另一个维度是个体对幸福的感知力。我们现在的生活条件虽然变好了,但很多人的幸福指数却没有提高。实相心理学认为,幸福与否和财富的多少、外在的头衔、阶层都没有太大关系,幸不幸福很关键的一点在于我们感受幸福的这颗心。我们从小到大,心里面会被添加各种各样的东西,可能是我们本身的天性、受到的教育、环境的熏染等,它们共同作用于心,产生了各种观念、认知模式、情绪底色和行为模式,然后我们会用各种标准来锁定和评判自己是否幸福。这样一来,我们反而丧失了对当下保持觉察和感知幸福的能力。主观幸福感的研究给我们的启示:幸福更多来自人的内部因素,来自人的自我建构能力[②]。自我建构能力的获得是有道可循的,这就需要我们尊重孩子的身心发展规律,以园丁般的姿态为孩子提供适宜的成长环境。

三、让父母摆脱"问题模式"

大家对当今社会的教育氛围有什么样的印象?追求短平快,赢在起跑线。孩子上幼儿园之前家长就早早地把孩子送去早教中心提前做准备;孩子上小学前家

[①] 王晓春.教师的五种幸福能力[J].人民教育,2020(6):72—73.
[②] 肖冬梅.幸福能力及其培育[D].长沙:湖南大学,2012.

长又早早地把孩子送进幼小衔接班，生怕孩子上小学跟不上；孩子不仅课业不能掉，运动和才艺方面也得有拿得出手的……教育"内卷"带来的"鸡娃"模式愈演愈烈，其背后反映的是家长对孩子教育的焦虑与恐慌，而焦虑、恐慌的背后是我们不清楚教育孩子到底是为了什么。你知道自己为什么要养育孩子吗？"是因为家族长辈的压力、婚姻稳定的需要、一次无意识地从众、一次不期而遇的意外，还是因为对创造新生命的渴望、与新生命一起成长的欣喜？想通了为什么，做什么、怎么做就容易多了。"[①]

我们的一生中会遇到各种各样的问题，有些问题是现实存在的，有些问题却是我们的心制造出来的。面对现实存在的问题，我们如何有智慧地处理？面对自造的假问题，我们如何能各个识破，不被假象带偏？这就需要我们在完整生命成长观的观照下，对问题建立自己的认知，在生命成长的主干道上进行认知的迭代。这样我们不仅不会被细枝末节的问题带跑，让自己陷入焦虑和恐慌，反而会让问题成为我们成长的助推器和实现幸福的阶梯。

四、让生命互相成全

最近网络上有一个泰国的公益广告，故事讲的是一个小男孩喜欢拿妈妈的口红往自己的嘴上涂，妈妈发现后很担心儿子喜欢化妆，不够阳刚，于是上网查阅相关资料、给儿子买战士玩偶，可儿子依然我行我素。这时，镜头转向孩子的眼睛，妈妈看到孩子真诚执着的目光，于是决定支持儿子的兴趣，儿子长大后成为了一名特效专家。由此，妈妈和孩子都发现了更广阔的世界。

《完整的成长》一书中写道："世界上只有两种力量，它们的差别在于，人可以把注意力放在对人、事、关系的掌控上，也可以把所有的注意力放在对内在的觉知和建构上。"广告中妈妈的担心是由于妈妈对"正确"事物的认知造成的：化

---

① 赵昱鲲.自主教养：焦虑时代的父母之道［M］.北京：北京科学技术出版社，2017：4.

妆是女人的事，男人就应该阳刚，阳刚与口红没法扯到一块。如果顺其发展，就会出现广告中妈妈对孩子发脾气、自己缠绕在问题中惶惶不可终日的结果。那为什么妈妈看到孩子的眼睛后，就转变了之前的态度呢？因为孩子目光透出的真诚、纯净和坚定不是妈妈通过自己的观念和认知分析出来的，而是一种感觉，是妈妈的内心世界和孩子内心世界的一次无言对话。妈妈就这样懂了孩子，也重新构建了自己的心理格局。而这一过程本身就是给孩子和自己最好的教育，是生命与生命的彼此成全。

第三章
家庭教育中的健康教育

第一节　健康教育概论

健康是人的基本权利,是幸福快乐的基础,是国家文明的标志,是社会和谐的象征。《"健康中国2030"规划纲要》明确指出个人是健康的第一责任人,学习掌握健康知识、行为和技能是全民普遍具备的素质和能力。

"少年兴则国家兴,少年强则国家强。"青少年是祖国的未来,是民族的希望。健康的身心、强健的体魄,不只对青少年自身,对于国家、民族、社会和家庭都具有不可替代的重要意义。为了更好地促进未成年人全面健康成长,国家大力培养家庭教育指导师,旨在促进家庭健康教育,指导父母和孩子掌握健康教育知识,树立健康生活观,培养健康生活的方式,防治疾病、减少影响健康的危险因素,为家庭健康和幸福保驾护航。

一、健康的概念和标准

"家庭是孩子的第一个课堂,父母是孩子的第一任老师",加强家庭健康教育,对孩子一生的身心健康和学习发展有着决定性的影响。健康教育首先要树立对"健康"概念的全面认识。

人的生命健康状态分三态:健康态、疾病态和亚健康态。联合国世界卫生组织(WHO)定义的"健康",不仅是指没有疾病,而且包括躯体健康、心理健康、社会适应良好和道德健康。由此可知，健康不仅仅是指躯体健康，还包括心理、社会适应、道德品质等方面。当人体在这几个方面同时健全，才算得上真正的健康。

1. 生理健康

生理健康有明确的标准，比如生长发育、成熟衰老等。具体量化为体温36℃~37℃，血压：低压60~90毫米汞柱、高压90~130毫米汞柱，心率60~80次/分。

WHO生理健康标准10条：

（1）有足够充沛的精力，能从容不迫地应付日常生活和工作的压力而不感到过分紧张；

（2）处事乐观，态度积极，乐于承担责任，事无巨细不挑剔；

（3）适时休息，睡眠良好；

（4）应变能力强，能适应外界环境的各种变化；

（5）能够抵抗一般性感冒和传染病；

（6）体重得当，身材均匀，站立时，头、肩、臂位置协调；

（7）眼睛明亮，反应敏锐，眼睑不易发炎；

（8）牙齿清洁，无空洞，无痛感，齿龈颜色正常，无出血现象；

（9）头发有光泽、无头屑；

（10）肌肉、皮肤有弹性，走路轻松。

2. 心理健康

心理健康，是指个体的心理活动处于正常状态下，即认知正常、情感协调、意志健全、个性完整和适应良好，能够充分发挥自身的最大潜能，以适应生活、学习、工作和社会环境的发展与变化的需要。

心理健康标准11条：

（1）具有适度的安全感，有自尊心，对自我和个人成就有"有价值"的感觉；

（2）充分了解自己，不过分夸耀自己，也不过分苛责自己；

（3）在日常生活中，具有适度的自发性和感应性，不为环境所奴役；

（4）适当接受个人的需要，并且有满足此种需要的能力；

（5）有自知之明，了解自己的动机和目的，并能对自己的能力做适当的估计；

（6）与现实环境保持良好的接触，能容忍生活中的挫折和打击，无过度幻想；

（7）能保持人格的完整与和谐，个人的价值观能视社会标准的不同而变化，对自己的工作能集中注意力；

（8）有切合实际的生活目的，个人所从事的事业多为实际的、可能完成的工作；

（9）具有从经验中学习的能力，能适应环境的需要而改变自己；

（10）在集体中能与他人建立和谐的关系，重视集体的需要；

（11）在不违背集体的原则下，能保持自己的个性，有个人独立的观点，有判断是非、善恶的能力，对人不做过分的谄媚，也不过分寻求社会的赞许。

3. 道德健康

道德健康，是指不能损坏他人的利益来满足自己的需要，能按照社会认可的行为道德来约束自己及支配自己的思维和行动，具有辨别真伪、善恶、荣辱的是非观念和能力。研究表明违背社会道德往往会导致心情紧张、恐惧等不良心理，很容易使神经中枢、内分泌系统等失调，免疫系统的防御能力也会下降。医学家研究发现，贪污受贿的人容易患癌症、脑出血、心脏病和精神过敏症；而为人正直、心地善良、淡泊和坦荡的品质，则能使人保持平衡，有助于身体健康。

4. 中医健康的概念

中医认为"健康"是指人能处于身心平和、中正的状态。中医的健康观可概括为"平人"，即健康是指阴阳平衡、气血脏腑和调、形神统一，人与自然、社会统一的平衡状态。两千年前的中医经典《黄帝内经》中阐述的中医的健康观，即是"天人合一""形神合一""阴平阳秘""正气为本"。健康人的生命状态体现在生理和心理两个方面。

健康的生理特征如下：

（1）形体壮实，比例恰当：体格壮实，不肥胖，不消瘦，皮肤润泽，肌腠致密，是脏腑气血功能旺盛的表现。

（2）面色红润，须发润泽：面色是脏腑气血之外荣，面色红润是五脏气血旺盛的表现。发为血之余，又赖肾精充养，须发润泽反映了肝血肾精的充足。

（3）牙齿坚固，腰腿灵便：齿为骨之余，骨为肾所主，牙齿坚固是肾精充盈的表现。肝主筋、肾主骨，腰为肾之府，肾精充足则腰强膝健，肝血充盈、筋脉通利则腿脚轻便。

（4）双耳聪敏，眼睛有神：肾开窍于耳，手足少阳经脉分布于耳，耳为宗脉所聚，故耳之聪敏反映肝、胆、肾、三焦等脏腑功能的正常。《灵枢·大惑论》中说"五脏六腑之精气皆上注于目而为之精"，两目神光充沛、精彩内含，是五脏精气充足之象。

（5）呼吸从容，声音洪亮：呼吸既关乎肺亦关乎肾。呼吸从容不迫，和缓均匀，既反映肺主气、司呼吸功能的正常，亦反映肾气充足，纳气归元的功能正常。声音洪亮是宗气充足的外在表现。

（6）食欲正常，二便通利：食欲的正常与否直接关系到脾胃功能的盛衰，脾胃乃后天之本，气血生化之源，食欲正常是身体功能健康的反映。二便通畅是人体新陈代谢功能正常的表现，反映了脏腑功能的调畅。

（7）舌态正常，脉象匀缓：从中医特有的舌象和脉象来考察，健康人正常的舌象为舌体柔软灵活，舌色淡红明润，舌苔薄白均匀，苔质干湿适中。正常的脉象为从容和缓、节律一致、力度适中，它反映出机体的气血充盈，功能健旺，阴阳平衡。

健康的心理特征如下：

（1）精神愉悦，情绪稳定：精神愉快，七情和调，反映了脏腑功能的良好状态，是健康的重要标志，《素问·举痛论》曰："喜则气和志达，营卫通利。"

（2）思维清晰，记忆良好：肾藏精，精生髓，而"脑为髓海"，思维清晰，记忆力强是髓海充盈的表现。

（3）人际和谐，适应社会：保持正常的人际关系，能适应复杂的社会环境变化，为他人所理解，为大家所接受，这是人类心智完善的表现。

二、家庭教育指导师健康教育内容

健康教育，是帮助人们树立健康意识，促使人们改变不健康的行为生活方式，养成良好的行为生活方式，以减少或消除影响健康的危险因素。健康教育应该从小抓起，从每个家庭、每个父母的言行教育开始。

家庭教育指导师通过健康教育，能帮助人们了解哪些行为是影响健康的，从而自觉地选择有益于健康的行为生活方式，以此达到防治疾病、保持身心健康的目的。家庭教育指导师需要掌握提供的健康教育内容，具体包括以下四点：

（1）普及健康知识。家庭教育指导师根据不同家庭和人群特点、行为习惯等，有针对性地加强健康教育，协助家庭成员学习掌握必需的健康技能，改变不良行为习惯，养成健康持久的行为。普及饮食与营养、运动、戒烟酒、卫生安全、防范传染病、慢性病康复及卫生法律法规等健康知识，让健康知识、行为和技能成为家庭普遍具备的素质和能力，实现健康素养人人有。

（2）参与健康行动。家庭教育指导师的首要责任在于倡导每个人都是自己健康第一责任人的理念，激发居民热爱健康、追求健康的热情，养成符合自身和家庭特点的健康生活方式，合理膳食、科学运动、戒烟限酒、心理平衡，实现健康生活少生病。

（3）加强心理疏导。现代人健康问题，与社会压力、家庭关系密切相关，其中的心理因素对健康、疾病的发生、发展及转归有着重要的影响作用，良好的心理状态有利于调动病人的主观能动性。家庭教育指导师需要掌握心理卫生知识，帮助家庭成员提高身心健康水平，改善家庭成员慢性疾病，延缓衰老，促进青少年健康和运动，提高人们的生存质量。

（4）提供健康服务。家庭教育指导师需要对家庭成员的主要健康问题及影响因素采取有效干预，同时配合国家卫生保健体系，促进健康教育与医疗保障政策、公共卫生政策衔接，提供系统连续的预防、治疗、康复、健康促进一体化服务，提升健康服务的公平性、可及性、有效性，实现未病防治保健康，已病早诊早治早康复。

为了更好地促进公民健康教育，我国大力发展家庭教育指导师的培训，协助个人和家庭，辅助社会和国家，全面推行健康教育，让每个家庭成员都能践行健康的生活习惯，成为身心健康、人格健全的完整社会人。

第二节　家庭健康教育的现状和问题

儿童和青少年的健康是全民健康的基础，是健康中国这一宏伟蓝图的基石，关乎国家、民族、社会和每个家庭的未来，是人们幸福生活的源泉。但目前我国儿童和青少年的健康现状不容乐观，身心健康等问题多发，这与家长在家庭健康教育中面临的困境有关。

一、我国儿童和青少年的健康现状

儿童时期和青少年时期的健康，关系到人一生的健康和生命质量，是推进健康中国建设的关键一环。WHO将儿童时期定义为0~10岁，青少年时期定义为10~19岁。目前，我国约有3.7亿的未成年人，占人口总量的26%。儿童和青少年的健康不仅是未来人口健康的决定因素，也是社会和经济发展的决定因素。

儿童和青少年时期是为成年期健康打基础的重要时期[1]，此时形成的健康观念将影响他们看待自己的健康和未来，并影响其健康的决策和行动。如果家庭健康教育缺失，不良的生活方式可能会影响其成年甚至老年时期的生活，并影响到后

---

[1] Dick B, Ferguson BJ. Health for the world's adolescents: a second chance in the second decade [J]. J Adolesc Health, 2015, 56: 3-6.

代的健康[1][2]。随着经济和社会的快速发展，我国家庭面临的压力和不稳定因素增加，亲子关系、夫妻关系紧张，儿童和青少年面临巨大的升学压力，家庭日常生活中虽然物质水平提高，但忽视营养搭配和运动，最终对儿童和青少年的身体素质和健康发育造成不良影响，还会波及心理健康。

我国儿童和青少年健康状况从20世纪90年代开始出现逐年下滑的趋势，形势不容乐观，各种健康问题也日益突出，主要包括：身体素质（力量、速度、爆发力等）全面下滑；超重肥胖，视力不良；青少年慢性病快速增长；青少年心理行为问题普遍化；快速城市化带来的生活方式转变，与学生健康相关的危险行为如吸烟、酗酒、药物滥用、不安全的性行为以及自杀、暴力等持续增加；留守儿童和流动儿童健康问题等[3][4][5][6]。

因此，家庭教育中健康教育至关重要，家庭教育指导师能协助家长尽早发现儿童和青少年健康状态低下的原因，"超早期"发现健康问题，通过及时的施加健康教育干预，促使儿童和青少年积极锻炼，养成良好的生活方式，从而保障身心健康。

二、我国儿童和青少年面临的主要健康问题

1. 心理健康问题

我国儿童和青少年存在过度害羞、胆子小，有暴力倾向、焦虑、抑郁等心理

---

[1] Resnick MD, Catalano RF, Sawyer SM, et al. Seizing the opportunities of adolescent health [J]. The Lancet, 2012, 379 (9826): 1564—1567.

[2] Suris JC, Michaud PA, Viner R. The adolescent with achronic condition. Part I: development a lissues [J]. Archives of disease in childhood, 2004, 89 (10): 938—942.

[3] Ng M, Freeman MK, Fleming TD, et al. Smoking prevalence and cigarette consumption in 187 countries, 1980-2012 [J]. JAMA, 2014, 311 (2): 183—192.

[4] 李锋平, 刘江艺, 李焕榕, 等. 泉州市2006—2015年学校传染病突发公共卫生事件流行特征 [J]. 中国学校卫生, 2018, 39 (3): 408—410.

[5] 齐文娟, 廉启国, 毛燕燕, 等. 中学生健康危险行为特征及其与家庭因素的关系 [J]. 中国学校卫生, 2017, 38 (6): 812—815.

[6] 何婷婷. 留守儿童和流动儿童身心健康状况及其影响因素的比较研究——基于社会资本的视角 [D]. 上海：华东理工大学, 2017.

问题，特别是在面临升学、就业、早恋等压力时表现突出。据专家预计，今后一段时间，未成年人心理问题的发生还将呈上升趋势，因此，国家、社会、学校和家庭应对这一问题高度关注。

首先，焦虑和抑郁是目前我国儿童和青少年最为常见的心理健康问题。据《中国国民心理健康发展报告（2019—2020）》显示，2020年我国青少年抑郁检出率为24.6%。据《中国青年发展报告》显示，在我国17岁以下儿童和青少年中，约有3 000万人受到各种情绪障碍和行为问题的困扰。我国有10%~15%的儿童存在焦虑抑郁、行为障碍等心理卫生问题，这类儿童在留守儿童群体内的占比甚至高达30%，而就诊率却不到三分之一。

其次，青少年过度沉迷网络电子游戏和过度依赖手机现象也变得日趋严重[1]。网络成瘾，又称为网络过度使用，是互联网时代特有的一种心理行为问题；网络成瘾的青少年容易出现神经紊乱、激素水平失衡等，甚至有长期打游戏导致猝死的危险[2]，也可能增加患心血管疾病等慢性病的风险，以及弱化道德意识、影响青少年人际交往能力甚至导致社交焦虑障碍等多种心理问题[3]。研究发现青少年网络成瘾与抑郁之间存在双向关系，两者相互影响。另外，家庭关系、朋友关系，以及社会适应能力都是当前青少年心理健康问题的来源[4]。

2.慢性病相关危险因素

我国儿童和青少年慢性病发病相关危险因素，主要包括超重与肥胖症、营养不良、贫血、吸烟和饮酒。

其中，儿童和青少年超重与肥胖症是21世纪最严重的公共卫生挑战之一。1985—2014年中国7~18岁儿童和青少年超重和肥胖症的检出率分别由1.3%和

---

[1] 李静.第41次《中国互联网络发展状况统计报告》发布[J].中国广播，2018（3）：96.
[2] 夏莹杨，敢汉斌.影响中国中学生自杀意念危险因素Meta分析[J].中国健康心理学杂志，2017，25（2）：178—181.
[3] Koc H, Yenj Y, Yenc F, et al. The association between Internetad diction and psychiatric disorder: a review of the literature [J]. European Psychiatry, 2012, 27 (1): 1—8.
[4] 苟寿温，黄峥，郭菲，等.青少年网络成瘾与抑郁之间的双向关系[J].中国临床心理学杂志，2013，21（4）：613—615.

0.2%增长到19.4%和7.3%，30年间分别增长了14倍和35倍[①]。据2021年《中国儿童发展报告》报道，2010—2019年这十年间，我国儿童和青少年营养不良问题持续改善，但超重与肥胖问题越发严重，此前持续向好的贫血问题也出现反弹。2019年中国中小学生超重与肥胖率继续上升至24.2%，各年龄组学生、男女生及城乡学生超重与肥胖率均呈现持续上升的趋势。2019年中国中学生贫血率为11.1%，其中女生贫血率始终高于男生，乡村学生贫血率始终高于城市学生。

肥胖对青少年的身心发展都有影响，儿童肥胖会导致成年肥胖，而成年肥胖又可导致高血压、冠心病、糖尿病等疾病。目前这些疾病已经呈现低龄化趋势。在全国范围内，儿童营养不良总是相对集中在西部，但东部沿海发达地区也存在中小学生营养不良的现状。西部地区儿童营养不良主要是因为热量、蛋白质摄入不足，而东部地区则是因为偏食、挑食、吃零食过多，为追求模特儿身材而过度节食等。

贫血问题与大城市孩子营养不良总是有相似之处，这种贫血并不是缺乏食物造成的，而是与饮食习惯和营养知识缺乏有关。例如，有的家长可能不知道，炒菜用铁锅就可以无形中给孩子增加很多铁。再如，在吃饭前喝橘子汁、吃西红柿可以促进铁的吸收，而饭后喝茶则不利于铁的吸收。此外，牛奶、鸡蛋中虽含有铁，但很难被人体吸收，而瘦肉、猪肝中的铁质则容易被吸收。了解了这些知识，改善贫血就很容易做到。

烟草使用是目前最主要的可预防的慢性病相关危险因素，成年期慢性非传染性疾病的健康危险行为主要是在青春期开始的吸烟和饮酒。《中国儿童发展报告》指出，目前我国的吸烟人群逐渐年轻化，儿童和青少年吸烟、饮酒等健康危险行为问题也十分严峻。2014年中国初中生的吸烟率为6.9%，其中男生的吸烟率为

[①] Ng Marie, Fleming Tom, Robinson Margaret, et al. Global regional and national prevalence of overweight and obesity in children and adults during 1980-2013: a systematic analysis for the Global Burden of Disease Study 2013 [J]. Lancet, 2014, 384: 766-781.

10.6%，高于全球平均水平。在尝试吸烟的初中生中，10岁以前尝试过吸第一支烟的学生比例超过35%，二手烟暴露率也呈逐年升高的趋势。

另外，据我国城市青少年饮酒行为专项数据显示，12岁以上青少年的曾饮酒率高达51%，2015年在北京、上海、广州、济南、成都和哈尔滨六城市的调查结果显示，中学生初次饮酒年龄≤7岁的占18.1%，初次饮酒年龄在12~13岁的占22.9%。饮酒的青少年学生不但增加了患慢性病的风险，而且各种心理行为问题的发生显著增高[1]。

3.常见疾病

我国儿童和青少年常见的疾病主要包括近视和龋齿。近视是目前中国青少年群体中最为常见的疾病，中国是世界上近视患病率最高的国家。2019年中国中小学生视力不良率继续上升至67.9%，女生视力不良率始终高于男生，城市学生视力不良率始终高于乡村学生。而且近视的发生提前了，过去防止近视的重点放在9岁以后，现在家长和学校应在孩子上幼儿园和一入小学阶段就开始防范近视。

目前我国青少年近视率持续升高的原因除了遗传因素外，主要是久坐行为的增加导致室外活动时间不足[2]，课业负担重导致近距离用眼时间过长[3]，另外，睡眠不足也是影响青少年近视患病率的重要因素[4]。另外，沉迷手机和电脑游戏、偏食和营养不良也是重要的原因。

龋齿是青少年中存在的一个非常重要的健康问题，发病率较高，严重影响青少年的口腔健康。2019年中国中小学生恒龋患病率为22.1%，并随着年龄增长而上升，7岁、9岁、12岁、14岁学生恒龋患病率分别为6.9%、17.2%、29.9%、

---

[1] 高鸿，张静，赵杉，等.江西抚州市青少年饮酒现状及其与心理行为问题的关联[J].中国学校卫生，2011，32（08）：931—933.

[2] 徐荣彬，高迪，王政和，等.2016年中国学生户外活动时间现状分析[J].中国儿童保健杂志，2018，26（3）：254—257.

[3] Morgani G, Rose KA. My opia and international educational performance[J]. Ophthalmic and Physiological Optics, 2013, 33（3）: 329—338.

[4] Jee D, Morgan IG, Kim EC. Inverse relationship between sleep duration and my opia[J]. Act aphthal mologica, 2016, 94（3）: e204—e210.

34.4%。我国中小学生的龋齿发病率与世界平均水平比较并不高，但是有了蛀牙却不及时进行修补的问题突出。青少年患有龋齿会导致恒牙错合和发育不良。一旦有了龋齿应及时到医院治疗，若蛀牙不治，可能会进一步发展为牙髓炎、根尖周炎等。

三、父母在家庭健康教育中面临的问题

家庭健康教育是有目的、有计划、有组织地对儿童进行教育，以促成其在日常生活中自觉选择健康的生活方式与行为，同时自觉规避健康危险因素的系列活动。我国儿童和青少年健康问题高发，反映了家长在家庭健康教育中面临的困境。

我国大部分家庭由于父母学历不高、健康意识淡薄、健康知识不足等健康教育能力匮乏等因素，导致儿童缺乏必要的健康常识及健康意识，在生活中无法养成健康的生活习惯，容易受到疾病的侵害。

1. 父母学历高低影响儿童健康

众多证据表明，儿童产生身心障碍的概率与父母的受教育程度成反比。拥有较高学历的父母，会将自身素养融入日常对儿童的言传身教中，也能够更加理性客观地对待自己与孩子的关系，对孩子施之正确的教育与引导。而低收入家庭的父母大多数是初高中学历，学历偏低，在其成长过程中由于自身没有接受过系统的教育，也不了解父母教养方式对儿童健康成长的重要作用，在平时管教孩子的时候，就可能出现体罚暴力。这些体罚暴力，会给儿童带来极大的身心伤害、心理负担。

2. 父母健康意识淡薄

健康观念，是对健康的含义及价值的认识。正确的健康意识对健康行为习惯的养成、有害行为的规避具有重要作用。父母首先要有正确的健康观念，认识到健康的重要价值和各种健康影响因素，这样才能重视家人及孩子的健康，并对孩子施加正确的引导。大多数家庭的父母对健康的认识仅停留在肤浅的"无病即是健康"的层面，生活中养成多种不良生活习惯，对孩子的心理健康、社会交往等问题毫无概念且不重视，给孩子带来疾病风险，并使其养成不良生活习惯。

3.父母健康知识技能匮乏

父母的健康知识，直接关系着孩子的身体健康、疾病预防、健康常识及孩子基本的健康教育等方面。我国大多数家庭中父母由于学历、原生家庭等的影响健康知识技能比较匮乏，在日常生活中无法及时地对孩子的身体变化做出判断，也无法教给孩子基本的健康常识，最终会影响孩子的身心健康。由于缺乏健康知识技能，其中低收入家庭的母亲一般不会进行饮食搭配，这就导致了孩子出现营养不良等身体健康问题以及不正确的饮食观念。

4.父母缺乏对儿童的健康教育

家庭是孩子健康成长的第一和主要场所，孩子在学校习得的健康知识、行为如果能在家庭日常生活中经常地、持续地得到强化和实践，则有助于孩子形成比较稳定的、影响深远的健康行为习惯。但我国大多数家庭的父母由于生活的压力，工作时间长、闲暇时间少，同时由于自身学历、认识等的局限，将健康教育的希望基本上全部寄托于学校，缺少对儿童的家庭健康教育，从而不利于孩子健康行为习惯的养成和强化。

5.父母不良生活习惯影响儿童健康

健康行为是指人们为了增强体质和维持身心健康而进行的各种活动。健康行为习惯是长期的、稳定的、有利于健康的习惯。父母的言传身教对孩子健康行为习惯的养成有着重要的作用。这种影响是潜移默化，并且是深刻而长久的。我国大多数家长由于自身成长环境缺乏正确的健康教育，所以自身养成了一些不健康的行为习惯，比如一些父亲经常在家里抽烟，不仅会直接损害孩子的身体健康，还有可能会使孩子在青春叛逆期也染上偷偷抽烟的坏毛病。这些不良的行为习惯，会使孩子在潜移默化中养成一些不健康的行为习惯。

6.父母不良家庭教育心理影响儿童健康

当前孩子身上存在的一些心理和健康行为问题，很大一部分原因是家长的不健康心理造成的。首先是攀比心理。父母把孩子的学习看作生命中的唯一，习惯于拿自己的孩子和别人家的孩子进行比较，只看到别人孩子的长处，看不到自己孩子的优点，动辄批评、指责孩子，恨不得自己的孩子处处都比别人的孩子强。家长的这种不正常心理往往会使孩子产生自卑感、忌妒心理，并会渐渐地丧失自信心。

其次是补偿心理。有些家长把自己未实现的愿望强加于孩子，希望自己的孩子来实现。他们往往不考虑孩子的具体情况，都试着按自己的意愿去塑造孩子，而不是听取孩子的意见，让孩子量力而行，其结果是使孩子产生逆反心理，且不利于因材施教。

再次是放纵心理。一些家长由于溺爱孩子，往往对孩子的品行、爱好、兴趣及社会交往采取放任的态度。有些孩子不良行为的出现就是家长放纵的结果。

最后是"从严"心理。有些家长把严格要求理解为不断地批评和训斥，以及逼迫孩子把正常的休息和娱乐时间用来学习，这样会导致孩子整天生活在恐慌和紧张之中，其学习兴趣和记忆力都会下降。

7. 不良的家庭关系影响儿童心理健康

家庭氛围对儿童心理发展有着潜移默化的影响，它是指家庭成员之间的关系及营造出的人际交往情境与氛围，是儿童成长过程中的首要环境因素。在拥有良好家庭氛围环境中成长的儿童，往往会形成乐观积极的性格、诚实谦虚的品质，也更具安全感、合作意识，有更大的建立健康人际关系的可能性。与之相反，在不良家庭氛围环境中成长的儿童，则容易养成自卑、怯懦、孤僻的性格，在日常社会交往中容易表现出紧张、焦虑等负面情绪倾向，甚至产生一系列心理障碍。

夫妻关系是孩子心理健康的模板，对孩子心理安全感的建立和性格的塑造具有重要的作用。和谐的夫妻关系，可以给孩子打造一个充满爱、安全感、自信的成长环境。我国很多家庭的父母性格比较急躁、自身素质有限，在与孩子互动中往往不注意互动方式，给孩子带来一系列心理障碍。同时当代家庭婚姻的不稳定性强，夫妻关系经常比较紧张，甚至存在家庭暴力，亲子关系容易受影响。不良家庭氛围环境中的儿童内心会感到极度恐惧与压力，缺乏安全感，长大后更容易出现身心问题。

因家庭成员之间不和睦或父母离异，特别是夫妻离异造成彼此心理创伤、感情上的纠葛而使夫妻双方变得焦虑、敌对、压抑，这些不良的心理因素又会潜移默化地影响孩子，给孩子心理带来一系列的极其严重的消极变化和影响。因此家庭教育指导师需要注重心理健康教育，只有让家长们有健康的心理，才能使学校心理健康教育在家庭心理健康教育的配合下，最大限度地发挥其功能。

第三节　家庭健康教育的迫切性

一、我国儿童青少年健康管理的历史发展

我国对儿童青少年的健康管理启蒙于新中国成立初期，劳动卫国体育制度（简称"劳卫制"）的实施鼓励了学生参加体育锻炼，促进了学生的体质健康。党的十一届三中全会之后，国家对儿童青少年体质健康变得更加重视，中共中央、教育部下发了《关于进一步发展体育运动的通知》《关于保证中、小学生每天一小时体育活动的通知》，重点关注儿童青少年的健康。进入新千年以来，我国儿童青少年的健康管理进入快速发展阶段，党中央、国务院、教育部连续下发多个文件对促进儿童青少年健康提出具体的要求和举措[①]。

从1979年开始，我国建立儿童青少年健康监测体系，监测内容集中于身体形态指标、身体素质指标和健康指标的测试。2000年，其测试指标包含身体形态、身体机能和身体素质三个方面。2002年正式成立的全国学生体质健康监测网络，监测范围更是包括小学、中学及大学监测站点，网络覆盖全国14个省（自治区、直辖市），每2年为一个监测周期，基本形成了目前大小周期"嵌套式"的青少年

---

① 刘刘红，刘敏.中日青少年儿童体质健康促进的法规和政策研究［J］.上海教育科研，2015,（8）：14—17.

体质健康监测机制。我国青少年体质健康监测与评价工作已经卓有成效，但仍存在一些问题。例如，健康监测组织机构不健全，缺乏独立正式的青少年健康监测机构；缺乏专职监测人员和健康问题指导，服务范围和内容有限且服务形式单一；监测指标和内容未与国际接轨，缺少青少年心理健康水平的监测等。这些都为家庭教育指导师针对青少年健康教育工作的开展指明了方向。

二、我国立法促进家庭健康教育发展

我们党和政府历来对青少年的健康给予高度重视。2007年，党中央、国务院联合颁布《关于加强青少年体育、增强青少年体质的意见》[1]；2011年，政府工作报告明确提出了"保证中小学生每天一小时校园体育活动"的要求；2013年党的十八届三中全会决定提出"强化体育课和课外锻炼，促进青少年身心健康、体魄强健"；2016年全国卫生健康大会和《"健康中国2030"规划纲要》都对改善青少年健康状况提出了具体的要求，包括视力不良、超重肥胖等常见问题。青少年健康作为全社会共同关注的问题，已经上升到经济社会发展大局和教育改革全局层面，促进青少年健康不仅是各级党委、政府的职责所在，也成为家庭、学校、全社会的自觉行动，"健康第一"的思想日益成为全社会的高度共识。[2]

健康教育的本质是完整地认识人体生命健康，实现个人身体健康、心理健康、社会和道德全面健康的目标。《中华人民共和国家庭教育促进法》明确规定，家庭教育促进未成年人全面健康成长，包括道德品质、身体素质、生活技能、文化修养、行为习惯等方面。家庭教育指导师旨在普及科学的家庭教育理念和方法，促进青少年的健康成长及和谐家庭建设。家庭教育指导师的健康指导，包括开展家庭和个体的慢性病的预防、营养膳食指导、运动健康、心理健康、中医养生、健

---

[1] 中国民族教育.中共中央国务院关于加强青少年体育增强青少年体质的意见[J].内蒙古自治区人民政府公报，2007，28（6）：12—15.
[2] 中华人民共和国国务院.国务院关于实施健康中国行动的意见[N].人民日报，2019-07-16（007）.

康监测、健康分析评估咨询和健康教育。

三、家庭健康教育的意义和重要性

家庭教育的好坏，直接影响着孩子能否健康成长，人格能否完善发展。"家庭是孩子的第一个课堂，父母是孩子的第一任老师"，家庭教育的好坏，对孩子一生的身心健康和学习发展有着决定性的影响。人们要想寻求真正的健康，还是要有自主健康意识，通过健康教育改变自己的生活方式和心理状态，懂得基础的卫生保健知识、内容和实施方法，养成科学、文明、健康的生活习惯。

早在2500年前，古希腊医生希波克拉底就说，保持健康的简单方法就是"少吃多劳作"。同时代的孔子提倡"中庸之道"，作为保持健康的处世之道。两千多年前，《黄帝内经》中提出"上医治未病，中医治欲病，下医治已病"。人们发现保持健康最重要的是顺应人体自然规律，树立正确的生命健康观念，养成良好的生活方式。现代研究发现人类健康的主要威胁是后天的不良生活方式（60%以上的病因），而遗传因素仅占15%。临床研究发现，通过健康教育干预生活方式能有效预防和改良冠心病、高血压、脑卒中、心脑血管病、肿瘤、肥胖、糖尿病等。更加重要的是，人类的生活方式可以改变基因的表达水平，从而影响慢性疾病的发生、发展、逆转甚至康复。[1]经过40多年的全球范围内的大规模临床研究发现，生活方式的干预可以大幅降低慢性疾病风险（降低率：糖尿病93%、冠心病81%、中风50%、肿瘤36%）。医学界对生活方式与疾病的关系形成了共识，2004年，美国正式成立了生活方式医学会，欧洲、澳洲、亚洲生活方式医学会相继成立，并逐渐成为医学界的新领域。

通过健康教育改变生活方式，是未来医学发展的趋势，将在根本上变革医学的发展模式，最终实现人民健康水平提高、医疗费用可控。我国在加快推进实施

---

[1] Ornish D, Magbanua MJ, Weidner G, et al. Changes in prostategene expression in men undergoing an intensive nutrition and lifestyle intervention [J]. Proc Natl Acad Sci USA, 2008, 105 (24): 8369—8374.

"健康中国2030"战略规划的背景下,"健康中国行动"全面启动,明确我国医疗卫生以预防为主,关注生活行为方式、生活环境和医疗卫生服务等因素对突出健康问题的影响,将实施合理膳食行动、全民健身行动、控烟行动等促进健康生活方式的举措放在显著位置。推行健康教育,让健康知识、行为和技能成为全民普遍具备的素质和能力。同时国家大力倡导促进发展家庭教育指导师,旨在帮助家庭和个人健全健康教育体系,树立正确健康观,形成有利于健康的生活方式,从而真正提高健康和幸福水平。

第四节 家庭教育指导师促进健康教育的措施

儿童青少年健康是全民健康的重要内容,目前我国儿童青少年健康水平持续下降已成为一个不争的事实和急需解决的问题,给儿童青少年的身心健康及未来的发展带来了严重威胁和挑战。儿童青少年健康是一个综合性的社会问题,需要家庭教育指导师从一个全新的高度进行全方位的审视,帮助家长认识儿童青少年健康问题的严重性、分析客观成因并提供应对策略,最终改善儿童青少年健康管理现状,从而提高儿童青少年健康水平。

一、推进"健康第一"理念的传播

家庭教育指导师的首要任务是要推进"健康第一"理念的传播,把健康优先作为促进儿童青少年发展的行动准则。全社会首先要树立"健康优先"的理念。以健康优先为理念,就是要把培养儿童青少年健康成长的重心放到他们的身体健康、心理健康上来,提高对儿童青少年体育工作重要意义的认识,把增强儿童青少年体质作为家庭教育的基本目标之一。[1]

---

[1] 秦文哲.山东省青少年健康状况综合评价与时空分析研究[D].济南:山东大学,2019.

二、家庭教育对儿童青少年健康的促进作用

家庭的生活方式对孩子具有"基因式"的影响，家庭教育在儿童青少年的成长过程中具有奠基作用。家庭教育作为学校教育的延伸和补充，所发挥的独特作用是任何学校教育和社会教育都无法代替的。有研究显示，家庭教育在小学期间和中学期间的影响分别占70%和40%[1]。家庭教育指导师的主要责任，就是协助家长进行家庭健康教育，充分发挥家庭教育对儿童青少年健康的促进作用，建设"健康家庭"，促使儿童青少年养成良好的生活行为习惯，积极参加体育活动，提高自身健康水平。

1. 家长要转变教育观念和体育观念

家庭教育指导师要指导家长摒弃"无病即健康"的错误观念，树立正确的健康理念。另外，要摒弃"参加体育活动会影响学习成绩"的错误认识，扫除参加体育运动会发生伤害事故的担忧。同时指导孩子合理分配时间，除了保障学习外，还要加强体育锻炼。对儿童青少年的健康教育要有耐心，循循善诱，引导儿童青少年主动关注自身的健康，自觉纠正不良的生活习惯。

2. 父母要做好家庭教育中的自我教育

家庭教育指导师要帮助父母学习健康的知识和理念，让父母先重视自身的健康素养与生活方式，改变不良生活习惯，树立健康生活的榜样，再用实际行动引导和影响孩子。帮助父母确立正确的养育观念，以科学的生活方式和合理营养的饮食结构安排孩子的生活，为孩子营造健康的生活环境，帮助孩子养成健康的生活习惯和饮食习惯。

3. 努力营造良好的家庭运动健身氛围

很多儿童青少年不喜欢参加体育运动的原因在于父母都不爱运动，家庭里没有体育活动的氛围。家庭教育指导师应指导家长养成良好的体育锻炼习惯，身体

---

[1] 闫巧珍，董礼平.浅析家庭教育对青少年体质健康的影响［J］.内江科技，2019（7）：65.

力行，在增进自身健康的同时为儿童青少年树立良好榜样，带动孩子自觉、积极地参与体育锻炼；同时在儿童青少年体育锻炼过程中，要积极的陪伴，多鼓励，让儿童青少年发现体育锻炼的乐趣，进而养成终身体育锻炼的意识。

三、儿童青少年健康问题精准防控措施

家庭教育指导师要帮助父母正确应对儿童青少年面临的主要健康问题，并给予正确的健康指导和教育管理。

1. 儿童青少年近视问题

目前儿童青少年普遍存在中度和重度视力不良，这已成为我国面临的一个严重的社会问题。防控儿童青少年近视，需要家庭教育指导师帮助家长学习科学用眼护眼知识，以身作则，避免长时间沉迷电脑和手机，带动儿童青少年养成良好的用眼习惯，尽可能提供良好的居家视觉环境。要保障儿童青少年的睡眠和营养，多关注儿童青少年的视力健康状况，有异常及时就医。同时建立视力档案，规范诊断治疗，做到早监测、早发现、早预警、早干预治疗。

2. 儿童青少年超重肥胖问题

家庭教育指导师干预儿童青少年超重肥胖问题，需要协同家长，制定四点措施。第一，要进行饮食干预，做到合理膳食。第二，要进行运动干预，开展有氧运动，注意运动的方式、运动的强度、运动的持续时间及运动的安全性。第三，要进行行为干预，纠正家长的错误观念及习惯，以及儿童青少年自身的不良生活习惯。第四，进行心理干预，充分尊重个体差异，了解儿童青少年的生活习惯与个性特点，及时进行心理引导，采取正面的教育，让儿童青少年大胆表现自我，积极参加各种活动。

3. 儿童青少年龋齿口腔问题

家庭教育指导师干预儿童青少年普遍存在的龋齿等口腔问题，首先，要引导家长培养儿童青少年从小早晚刷牙、饭前饭后、吃甜食后漱口的良好卫生习惯，

掌握正确的刷牙方法。其次，要关注儿童青少年的日常饮食，降低碳酸饮料的摄入量，增加奶制品、钙、磷和蛋白质的摄入，用木糖醇代替日常食用糖等。最后，敦促家长每年至少带孩子进行一次口腔检查和治疗，及时发现龋齿，及时采取治疗措施，以防止龋蚀进一步发展。

四、加强儿童青少年体育运动

家庭教育指导师健康教育需要着重加强儿童青少年户外运动。增加体育锻炼是预防近视、促进儿童青少年身心健康以及提高身体综合健康状况的有效方式。儿童青少年的体力活动水平越高，机体代谢、肌肉力量、骨骼以及心理等方面的健康水平也就越高，在进行一定强度体育活动时，运动总量达到每日推荐量，可有效提高儿童青少年各机能状况，改善代谢状况，抑制超重和肥胖的发生。家庭教育指导师可协助家长和学校，促进儿童青少年积极参与体育活动，保证每天的锻炼时间达到锻炼要求。注重儿童青少年运动技能的学习，重视运动技能的培养，提高学生运动水平，为学生养成终身体育锻炼习惯奠定基础。

五、重视儿童青少年心理健康

家庭教育指导师需要指导家长多了解儿童青少年心理特点及有关心理疾病知识，对自己孩子的智力水平、兴趣爱好有更全面了解，不盲目攀比、模仿，根据孩子的气质类型及特长兴趣因材施教。同时指导儿童青少年努力提高自己的生活技能，注重培养自己人际交往、承受压力、解决问题的实际能力。

作为家庭教育指导师，要促进家庭健康教育，辅助家长定期开展儿童青少年健康状况监测、评价，及时施加干预，改善儿童青少年健康水平的不平等状况，对儿童青少年身体素质培养进行规定，动态掌握儿童青少年健康状况。同时要制订合适的培养计划，逐步提高儿童青少年的身体素质，定期对儿童青少年的身体状况进行测评，完善体育训练教学计划。

第四章
夫妻关系与家庭教育

第一节 夫妻关系的内涵

关于夫妻关系的定义,可谓"仁者见仁智者见智",可以从广义、狭义的角度来理解,也可以从不同学科的角度来定义。角度不同,得出来的观点也不同。

一、夫妻关系的定义

广义的"夫妻关系"更偏向于法律层面、制度层面的解释。根据《中华人民共和国民法典》记载:"夫妻关系是一个法律术语,它是指夫妻双方在婚姻中的身份、地位、人格等多个方面的权利义务关系。这种关系一般以结婚登记为产生要件,即男女双方依法办理结婚登记后,才会产生夫妻关系。"[1]从根本上来说,婚姻关系的建立是夫妻关系、家庭成立的标志,家庭关系最核心、最基础的部分是夫妻关系。

狭义的夫妻关系更偏向于大众所熟知的男女之间的亲密关系、两性关系等,它是指男女之间产生的各种生理、心理等层面的人际关系。

事实上,夫妻关系包含的内容是丰富多彩的。它是身份的象征,是权利的保障,也是义务的体现。它可以是婚姻制度法的规范化规定,也可以是丈夫与妻子两性关系的彰显。

夫妻是丈夫与妻子的合称,他们是以共同生活为目的而结合的伴侣。生活是

---

[1] 中华人民共和国民法典[Z]. 2020-05-28.

多方面的，是非常复杂的，为了这个目的，夫妻要生育子女、抚养子女、教育子女，夫妻要相互扶养，还要赡养老人。夫妻要面对的，还有许许多多的事情。夫妻关系是人与人之间最为亲密、复杂的关系，是家庭关系中最核心的关系。

二、夫妻关系的构成

夫妻关系亲密而复杂，依其性质，我们可以将其分为人身关系和财产关系两个方面。除此之外，依恋关系也是夫妻关系中非常重要的组成部分。

1.夫妻关系中的人身关系

所谓人身关系，是指人格、身份、地位等没有直接财产内容的权利义务关系。它主要包含七方面的内容：夫妻双方地位平等、独立；都享有姓名权；夫妻之间的忠实义务；人身自由权；住所选定权；禁止家庭暴力、虐待、遗弃；生育权。[1]

2.夫妻关系中的财产关系

所谓财产关系，是指夫妻之间在财产上的所有与使用、抚养上的权利义务关系。财产关系实际上是在夫妻的人身关系基础之上而产生的，它是夫妻人身关系的衍生物。

财产关系因结婚而产生，因配偶死亡或离婚而终止，主要包括夫妻财产制、夫妻间的扶养义务、夫妻间的财产继承权等。在不同的社会制度、不同的国家和不同的时代，夫妻财产关系的内容也是不同的。中国实行男女平等的社会主义夫妻财产关系制度。根据中国法律规定，夫妻财产关系主要包括：夫妻双方对夫妻共同财产享有平等的处理权；夫妻双方有相互扶养的义务，一方不履行义务的，需要扶养的一方有要求对方付给扶养费的权利；夫妻双方有相互继承遗产的权利。中国夫妻财产关系体现了夫妻在家庭关系中的平等地位，以及注意维护女方的合法财产权益。

---

[1] 中华人民共和国民法典［Z］.2020-05-28.

3.夫妻关系中的依恋关系

什么是依恋关系呢？依恋关系是人与人之间建立起来的、双方互有的亲密感受以及互相给予温暖和支持的关系。

20世纪五六十年代，英国心理学家约翰·鲍尔比（Bowlby）发现，孩子和父母，尤其是和母亲之间，有一种非常紧密的情感联系，他将其命名为依恋。

当我们还是孩子时，通常会在情感上依附于一个重要的养育者（通常是母亲），并把这种情感联系当作性命攸关的大事儿。只要在妈妈身边，孩子便会觉得安心，大胆地探索周边的世界。如果妈妈不在，孩子就会变得非常不安，如同生病一般。不仅仅是妈妈的缺席，任何可能有损这段亲密关系的行为，比如妈妈的批评、指责或者不认可，都会让孩子认为自己与妈妈之间的依恋关系不牢靠，从而引发各种情绪。

依恋关系是爱的基础，它有以下三个特征：

（1）依恋关系是一种强烈的感情纽带。当两个人在一起时，依恋双方会产生相互依赖的安心感；不在一起时，依恋又会变成渴望亲近的思念。

（2）这种纽带关系是通过对彼此的"看见"和"回应"来建立的。母亲和孩子对彼此的反应具有天然的敏感性。当妈妈抱着孩子，用温柔的目光看着他并对他微笑时，孩子会报以同样的微笑，反之亦然。

（3）这种依恋关系是唯一的。孩子和妈妈的依恋关系建立起来，其他人便很难替代妈妈的角色，无论这个照料者有多好。同样，在妈妈心里，孩子也是无可替代的。

依恋理论发源于亲子关系，而后随着时间的推移和学术的不断发展，人们对依恋的研究也逐渐扩展到了成人阶段，并由心理咨询师苏珊·约翰逊（Susan M. Johnson）发扬光大。约翰逊建立了以依恋理论为核心的咨询流派——情绪指向治疗（Emotionally Focused Therapy，EFT）。这个理论认为，成人伴侣之间亲密关系的依恋属于同一种情感，具有相似的特征。

首先，恋人之间也有强烈的情感纽带，对亲近彼此有一种强烈的情感渴望，这种情感渴望被表达为"在乎"。对恋人来说，对方是否在乎自己是极其重要的事情。其次，这种情感联结同样是通过"看见"和"回应"来建立的。很多人在亲密关系中很看重两个人是否能聊得来，能聊得来说明对方懂自己，能够不断地培养亲近感，就像孩子在意妈妈的目光一样，成人也在不断从伴侣身上确认自己是否"被看见"。最后，同依恋关系一样，亲密关系也非常在乎情感的唯一性。你会在乎在对方心里，你是不是那个最特别的。

依恋关系是亲密关系里的核心，如果想拥有美好的亲密关系，除了了解依恋关系的含义、特征外，还需要知道自己和对方的依恋类型是怎样的。正所谓"知己知彼，百战不殆"，清楚地了解自己和对方的依恋类型后，能够帮助我们在实际的相处过程中更懂彼此。

1990年，Bartholomew从"回避亲密"与"焦虑被弃"两个维度，将成人的依恋类型划分为四种类型：低焦虑、低回避的人是安全型；高焦虑、低回避的人是痴迷型；低焦虑、高回避的人是疏离—回避型；高焦虑、高回避的人是恐惧—回避型。

虽然每个人的依恋类型不是绝对的，有的人在某个维度上的位置居中，有的人在两个维度上的位置都居中，随着自身经历的变化，我们自身的回避和忧虑水平也可能会有一些变化。但大多数人仍然会处在四种区间中的一种里，他们在亲密关系中会有不同的表现。

总的来说，安全型的人是在亲密关系中满意度最高的，他们能够舒服地待在一段亲密关系里，但对于其他三种依恋类型的人来说，则会出现不同的困扰。痴迷型的人渴望与人亲密，却又容易在亲密关系中出现怀疑和恐惧亲密的心理；疏离—回避型的人面对亲密关系时会本能地逃避；恐惧—回避型的人面对亲密关系时，容易出现既期待亲密又恐惧亲密，拒绝与他人接近的情况。

在当今社会，不同的婚姻家庭里，我们会发现夫妻相处模式是不大一样的。

有的夫妻互相关爱，互相扶持；有的夫妻心存猜忌，整日对婚姻忧心忡忡；更有的夫妻之间没有任何温情，形同陌路。这些不同的对待配偶的态度和方式很可能与本身的依恋类型有关。如果不加以关注，很容易陷入各种各样的夫妻相处困境中。

人身关系、财产关系、依恋关系是夫妻关系的重要组成部分，通俗来讲，这三层关系分别对应的是性、金钱和爱。处理好这三者之间的关系，对构建和谐的夫妻关系意义重大。

三、夫妻关系的类型

关于夫妻关系的类型，不同的流派有不同的划分法。有的根据夫妻双方的心理关系划分成和谐型、失调型两大类，有的划分成亲密型、怨偶型、鸟巢型、平顺型、共修型五类，但根据夫妻关系的影响因子，比如婚姻的动机、结婚目的、共同生活的方法、夫妻生活继续的方式等多种因素，夫妻关系的类型可划分为以下七种[①]：

1. 爱情型夫妻关系

爱情型夫妻关系是最为常见的一种夫妻关系，就像很多女生常说的——要嫁就嫁给爱情。爱情型夫妻关系有两个类别：一类是由美貌吸引而结合在一起，这种类别的夫妻有一定的风险，美貌再好也会随着时间而逐渐消逝，如果婚姻缺乏其他保证，这种婚姻通常会在双方步入中年时出现危机；另一类是以性格相似或者互补为基础的结合，由于性格相对比较稳定，不像外貌那样容易变化，所以这种夫妻婚后生活比较稳定幸福。

2. 功利型夫妻关系

功利型的夫妻关系是指以爱情之外的出身、学历、财富、社会关系等条件为

---

① 周红.恋爱、夫妻关系类型与性取向分析[J].性社会学，2013（8）：28.

基础的结合。如果夫妻双方认为自己的付出与回报达到平衡时，婚姻就能够持续，彼此会感到满意；如果一方或者双方感到自己付出多而回报少时，就会对另一半产生不满，从而产生婚姻危机。这种类型的夫妻，从恋爱到结婚，都表现得非常理性，很难享受到甜蜜的爱情，所谓的结婚，更有点像"搭伙过日子"。

3. 平等合作型关系

平等合作型的夫妻会平等地承担起各自责任，根据自己的特点进行分工。在日常家庭生活中，夫妻双方均进入自己的角色，又对对方有相应期待，彼此都能认识到双方在家庭中的价值和作用，有较强责任感，家庭生活较为和谐、稳定。相应地，夫妻间性生活也较为平顺稳定。

4. 建设型夫妻关系

建设型的夫妻从一开始就制定了目标，并会为了这个目标而勤奋努力，比如，要创业致富、教育子女。为了实现目标他们通力合作，在生活中能够吃苦耐劳、踏实肯干、勤俭节约。在一起努力的过程中，夫妻双方会感受到生活的意义，认识到彼此的重要性，能够有效维持和促进婚姻。这种婚姻的不足：精神生活可能会比较匮乏，双方在心灵上的沟通比较少，当目标实现后，一方可能会变得满足慵懒，夫妻关系容易出现裂痕。

5. 懒惰型夫妻关系

懒惰型的夫妻在婚后不久，便很快失去对婚姻的热情。他们不愿改变现有的生活，觉得一切都维持现状就可以，无法发现需要解决的问题，即便发现了也不愿意去解决。这种关系的夫妻，几乎没有冲突，自然也没有什么乐趣，看上去就像是两个整天住在一起的陌生人，长此以往，婚姻也就变得名存实亡了。

6. 失望型夫妻关系

失望型的夫妻刚一开始，也会努力拼搏，争取创造幸福美满的生活，对婚姻有很高的期待。但是，他们很快就发现，婚姻中有许多不如意的事情，远没有自己想象地那般美好，正所谓"现实不理想，理想不现实"，另一半的表现也和自己的期待相差很多，所以会感到失望。

7.一体型夫妻关系

一体型的夫妻在长期的生活中，互相照顾彼此，两颗心早已融为一体，在性格、爱好、习惯上越来越一致。双方都把另一半看作自己的一部分，心有灵犀。这种夫妻关系非常稳定，生活也很幸福。但不足是关系比较封闭，和外界沟通相对较少，如果一方离去，另一方会变得情绪低落，甚至会生病。

父母是孩子的第一任教师，家庭是人生的第一课堂。男女双方结为法定夫妻后，组建了一个家庭，通过生儿育女成为了别人的父母，承担着家庭教育的责任。作为一个家庭教育指导师，对夫妻关系的内涵进行全面的了解，能够帮助我们更好地进行家庭教育指导工作。

第二节　与夫妻关系相关的家庭教育理论

当代社会，越来越多的家长开始重视家庭教育，放开二孩的生育政策又给家庭教育提出了新的课题，使得家庭教育更加需要科学的引导和支持。要理解家庭教育问题，家庭生命周期理论和家庭三角关系理论尤其重要。

无论是家庭生命周期理论，还是家庭三角关系理论，都是一种系统观点。其把家庭作为一个分析单位，将家庭中的成员以及他们的关系作为一个整体研究，把在家庭中生活着的个体作为系统的元素进行分析和认识。

一、家庭生命周期理论

家庭生命周期，指的是一个家庭从诞生、发展直至消亡的运动过程，它反映了家庭从形成到解体呈循环运动的变化规律。家庭随着家庭组织者的年龄增长，而表现出明显的阶段性，并随着家庭组织者的寿命终止而消亡。在同济大学附属东方医院临床心理科孟馥教授等人著的《从出生到独立：写给父母的养育心理学》

一书中，对家庭生命周期这个框架做了很好的梳理，对每个周期的特征和使命都进行了详细阐述。书里把家庭生命周期分为六个阶段[①]。

1. 独立成人期

书中讲，在这个阶段，青年人需要成功地区分出自己与父母的不同，接纳自己在心理和经济上需要承担的责任，与原生家庭分离，发展亲密的朋辈关系，在情感与经济上取得独立。这个时期的重要标志是青年人的"离家"。"离家"是指既可以离开家庭独立发展自己，又与家庭保持必要的联系，当在外部的世界遇到困难或挫折的时候，也能够向家庭寻求必要的帮助。

研究表明，家庭组织在有人加入或有人离开时往往容易发生巨大的变化。离不开家的孩子都是对家庭忠诚的孩子，孩子离不开的家庭中大都有让他们放心不下的父母。

2. 新婚成家期

关于这个阶段，这本书给出了这样的阐述："从原生家庭分离出来的年轻人开始建立和投入婚姻，由一个人变成两个人。两个人学习独处和共处、权力分配、积累物质财富和情感资源、共享亲密和平常的感情；双方需要不断地磨合，学习适应和接纳彼此的不同，满足各自的需要，处理二人之间的分歧，达成新的双方互动模式等一系列问题。"

该阶段是一个磨合的过程，为建设一个能够共同生活的系统，两个来自不同原生家庭系统的人至少要磨合七年时间，很多婚姻都跳不出"七年之痒"的魔咒。

3. 养育新人期

众所周知，孩子的出生使家庭增加了新成员，增加了养育孩子、财务支持及家务承担等方面的任务，原有的婚姻系统又要做出调整，以便给孩子留出空间，重组与延伸家庭的关系，包括接纳父母和祖父母的角色。

[①] 孟馥，姚玉红，刘亮.从出生到独立：写给父母的养育心理学[M].北京：人民邮电出版社，2021.

如果一对夫妇很乐意成为父母，并且工作上没有太大压力，第一个孩子的出生只会引起家庭系统跨站后的正常压力；如果养育孩子对配偶一方或者双方都是一种负累，而且这种负累无法得到解决，那么为人父母的角色转变对于夫妻而言或许会引起更大的焦虑。很多时候，原生家庭的父母不得不参与年幼孩子的养育，这会使家庭的生活内容变得更加丰富而充满挑战。

4. 孩子成长期

如我们所了解的那样，这个周期的特点是家有青少年。他们围绕自主与独立的议题展开挑战，父母不再有绝对的权威，反抗父母是常有的事。进入青春期的孩子开始发展出强烈的自我意识，家庭需要调整亲子关系，增加家庭界限的灵活性，以便允许孩子独立。

处在这个周期的父母需要发展出更多适应性策略，使家庭的发展需要与孩子的发展需要同步。很多在青春期出现问题的孩子，都与在这个周期出现的调适不当等有关。

5. 空巢期

如果你了解这个时期，你可能就会知道"空巢"对于长大了的孩子没有太大问题，只是面临空巢家庭的父母需要一个适应和调节的过程。

这个周期常见的问题是孩子离家使夫妻一起养育孩子时被掩盖的婚姻危机重新浮出水面，婚姻问题变得更加尖锐；或者孩子离家使家庭生活变得空虚、无意义，从而让父母感到孤单和沮丧。高质量的夫妻关系可以帮助"空巢期"家庭的父母彼此慰藉、相互支持。

6. 夕阳晚景期

这是一个充满回忆和无奈的时期。进入晚年生活，家庭成员需要面对退休、收入减少、社会地位丧失以及失去配偶、兄弟姐妹和其他同辈等挑战。家庭成员需要接受本身角色的改变，正确面对心理上的失落感，对死亡做好准备，面对人生的终结。

二、家庭三角关系理论

家庭三角关系又称亲子三角关系，这一概念同样由Bowen提出，它是指当父母因争吵、冲突而关系紧张时会不自觉地将子女牵扯进来，或子女会主动介入其中，以减缓紧张与焦虑、恢复家庭系统的平衡与稳定。这期间便形成亲子三角关系[①]。

简单来说，所谓"三角关系"，指的是关系中的两人通过引入第三者，来减轻他们在关系中的矛盾和张力。三角关系其实不只是发生在家庭里，它是一种普遍的人际现象。三角关系中的第三者，可以是人，可以是物，也可以是一件事儿。

夫妻关系是人际关系中最复杂，也是最具有特殊性的关系，越是亲近的夫妻，对彼此的反应越敏感，矛盾所引发的关系张力也越大。所以，夫妻之间也经常拉拢第三者来缓解他们关系的张力，由此呈现出很多不同的三角关系形态，最常见的有以下三种：

1.夫妻与工作形成的三角关系

随着社会的发展和女性地位的提高，越来越多的女性参与到社会工作中来，形成了双职工家庭。当夫妻关系紧张的时候，有的夫妻会把工作作为第三者引入，以工作忙、加班等为理由为自己辩护，以避免产生更大的家庭矛盾。

2.夫妻与出轨对象形成的三角关系

除了工作，出轨也会构成一种三角关系。当夫妻关系充满张力，或者变得无趣却无法被打破时，出轨对象也很有可能会变成关系中的第三者。第三者的加入，有时候会让沉默的关系忽然焕发新的激情，意识到彼此的重要性，但这也是一种非常具有破坏性的三角关系，不能轻易尝试。

3.夫妻与孩子形成的三角关系

在家庭关系中，最常见的三角关系是父母和孩子之间的三角关系。当夫妻之间出现难以解决的矛盾时，他们最自然的反应就是转向孩子，孩子也就成了平衡

---

① Bowen M.Family therapy in clinical practice［M］.New York：Jason Aronson，1978：118—124.

夫妻关系的第三者。孩子会变成夫妻矛盾的议题，也会变成彼此情感的支撑。

三角关系本身不是问题，但如果孩子长期被当作夫妻解决矛盾的工具，孩子的角色就会被逐渐固化，这对孩子的成长危害是极其大的。那么，父母是如何把孩子三角化的呢？通常有下列三种情况：

（1）把孩子当作打压对方的手段；

（2）利用孩子作为拉拢对方的手段；

（3）跨代结盟（通常指孩子和父母的一方，尤其是妈妈，结成情感联盟）。

第三节　当代夫妻在家庭中的育儿现状

一、家庭教育方式和理念存在盲目选择性

新生命的诞生为家庭带来了欣喜，但与此同时，针对孩子的家庭教育也成为当代家长面临的普遍困惑。一方面家长需要积极承接传统家庭教育中的优秀经验，另一方面家长所面临的家庭教育问题日益多样化，要求家庭不断更新知识。

从社会宏观环境来看，社会价值观念的多元化、多样性间接影响了家庭教育选择的盲目性。当前，中国社会正处于快速转型期，教育观念与诉求也走向多元化，虽然对于推动家庭教育进步有着重要作用，但也令家长在面对复杂的教育时往往会无所适从，不明白应该呈现何种状态使其成为理想的家庭教育，也不清楚什么样的教育有利于孩子的成长。

社会竞争压力越来越大，"望子成龙、望女成凤"成为中国家长的普遍诉求，这就为家长轻信市场上营利机构的盲目宣传提供了重要动机，这将进一步导致家庭教育的盲目性、随意性。此外，我国的计划生育政策导致许多"80后"独生子女成为家长，这就形成了一种新型的家庭结构，即"6+1"的家庭结构，这种家庭结构为教育带来了新的问题，如溺爱孩子的问题等。

从家庭内部来看，由于受到西方文化的侵袭，中国传统文化，尤其是优秀的传统文化并没有得到有效的延续，有些可以借鉴的传统家庭文化在家庭或家庭教育中出现断裂现象，这就导致了传统家教日渐衰落，新型家教尚未形成的局面。同时，部分家长由于教育观念不强、时间紧迫往往缺少学习主动性，对于家庭教育方法和孩子心理往往一知半解，轻视家庭良好文化环境对子女的教育功能，这使得孩子很难拥有良好家庭教育氛围，造成了更多的家庭教育问题。

目前中国大部分家庭为双职工家庭，在社会保障体系尚不完善的前提下，家长往往迫于生存压力，难以兼顾家庭生活，这对家庭教育产生了一定的负面影响，一方面母亲因为承担过多生活压力而难以承受教育子女的重任，另一方面父母缺乏科学专业的家庭教育经验，面临的家庭教育问题众多，导致家庭教育困惑增多。

二、家庭教育"跟风、攀比"情况严重

自改革开放以来，由于实行计划生育政策，"6+1"结构成为家庭教育的重要结构类型，"输不起"成为这种独生子女家长典型的普遍心理特征，许多家长认为，家庭的发展主要集中于独生子女身上，独生子女的成功代表着家庭的兴旺。因此，为了让孩子取得成功，家长们往往对教育方式"不择手段"，宁可信其有不可信其无，从而缺乏针对家庭教育方式方法是否科学的考虑。

与此同时，从社会教育和学校教育的形成影响方面看，各种社会培训机构正对应试教育加以强化，学校教育的应试倾向明显。这二者不仅改变了家庭教育生态，还制约了家庭教育可以作为的时空，进而影响了家长家庭教育的责任落实，导致父母在孩子教育上"跟风"和"攀比"现象突出，并成为一种趋势。

三、育儿焦虑已成为年轻夫妻的常态

随着经济、科技发展，社会价值观的迭代交替，"不确定感"和"意义丧失感"在我们的日常生活中不断蔓延。现代化生活的背后隐藏着人们无法忽视的焦

虑情绪，这种情绪弥漫在人们生活的方方面面，从衣食住行到精神信仰，可以说，集体的焦虑已经成为了当今中国社会中的一种显性的心理状态。

家庭是社会的缩影，焦虑的现代人逐渐走入家庭，生儿育女。虽然新生命的到来为家庭带来了生机和希望，但"养儿防老""传宗接代"等传统观念的瓦解，时间和经济成本的支出，为当代的年轻父母们带来了巨大的生活压力。正如中国青少年研究中心研究员孙云晓评价的："今天的父母，比以往任何时代的父母都更爱思考'如何才能做好父母'这件事。"

2015年，中国共产党第十八届五中全会提出了全面开放二胎的政策。虽然2016年我国迎来了一次生育高峰，但2017年、2018年的生育率却呈现出下降的趋势，并且中国首次出现了二胎出生人数超过一胎的现象。从2010年至2020年我国总人口及总和生育率变化如图4.1所示。

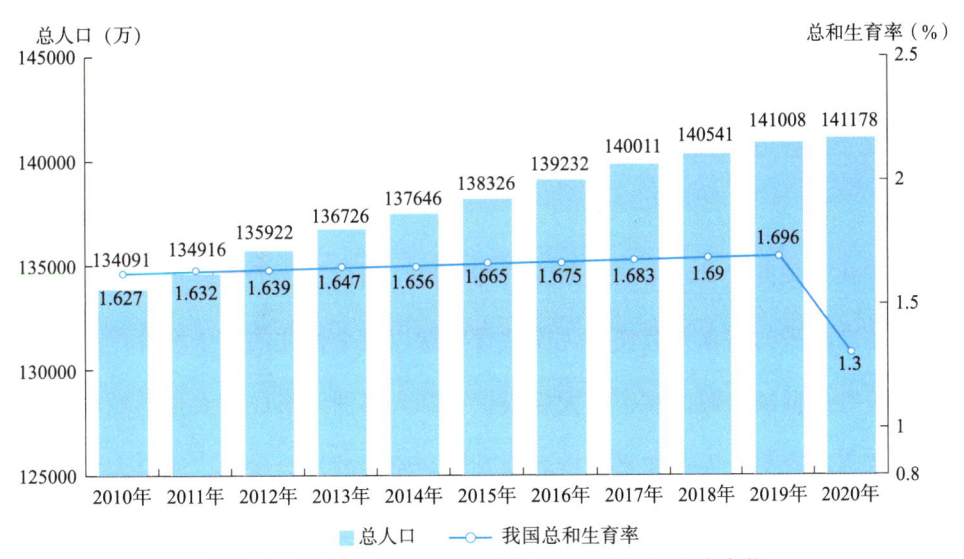

图 4.1　2010—2020年我国总人口及总和生育率变化

虽然各地响应号召纷纷出台了一定数量的生育鼓励政策，然而这些政策的背后并没有触到当代社会中"不愿生""不敢生"的心病。社会育儿支持的匮乏以及专业育儿机构的缺失，令父母们在育儿的过程中需要花费更多的人力与物质资源。其次，当代社会中的竞争压力、阶层晋升、教育公平等方方面面无不刺激着父母们的神经。除去育龄女性数量下降这一客观现实，生育率下降同样也反映着年轻夫妻所面临的"育儿焦虑"问题。

育儿过程中的焦虑具体表现为四个方面：健康焦虑、安全焦虑、教育焦虑和个人发展焦虑[①]。这四种主要的育儿焦虑类型可以概括为两种主题，即家庭风险承担的压力与社会竞争的压力。

首先，从子女生命、生存的角度出发，健康焦虑与安全焦虑是育儿焦虑中最为普遍的焦虑类型。特别是面对年纪相对幼小的孩子时，父母对孩子的健康、安全焦虑表现更强烈也更普遍。有研究表明，这两种类型的焦虑与父母的育儿经验不足有关，随着孩子年龄的增长或者家庭抚养孩子个数的增多，其会有所缓解。

其次，教育焦虑与父母群体的个人发展焦虑体现了现代社会中以核心家庭以及个人为基础的社会竞争已经成为普遍的现象。从婴儿的孕育到学龄前的时期，胎教与早教的重要性已经成了父母群体的普遍共识。入园、入学、课外辅导培训、孩子的智力体力开发都是每个家庭自孩子出生起便不断被提上日程的育儿环节。

随着我国义务教育政策的不断完善与发展，当代孩子的受教育权利保障逐步完善。随之而来的需求升级使得优质教育资源以及个性化的孩子教育产品成了家庭育儿争夺的稀缺资源。城市的大规模扩张和人口涌入形成了大量的城市新中产阶层，依靠教育与个人奋斗来维持和提升社会阶层的社会现状，使得大多数父母群体不得不提早将成人世界的竞争压力引入教育子女的过程中来，由此形成了在育儿过程中教育压力升高的现象。与此同时，现代的父母对自我发展也有较高的要求，从而导致社会竞争带来的教育焦虑与父母的个人发展焦虑成为家庭育儿焦虑的两个重要类型。

---

① 尤佳.新媒体视域下中国当代育儿焦虑研究［D］.保定：河北大学，2019.

四、"丧偶式育儿"普遍存在

家庭教育是父母的共同责任,理想的家庭教育应由父母共同完成。然而,在现实生活中,由于种种原因,比如父母中的一方长期外出、或父母均在子女身边,但缺少其中一方的情感支持,如早出晚归、与子女很难见面、无语言交流等,导致父母一方或双方在家庭教育中存在缺位的情况,我们把这种现象称为"丧偶式育儿"。处于缺位状态的一方在家庭教育中的作用不能被承担责任的一方感受到,从而令后者感觉自己是在"丧偶式育儿"。

在现实生活中,父亲缺位的现象较为普遍。父亲缺位使得子女情感上缺失父爱,子女性格品质的全面发展受影响,子女由于缺乏学习父亲身上社会化经验的机会,而无法很好地定位自己的社会角色,从而使得孩子缺乏正确的引导而产生孤僻、粗暴、懦弱等心理问题,这些都是父爱缺失对子女的社会融入造成的不良影响。[1]

父亲和母亲是孩子终身的老师,孩子最理想的人格就是兼具父爱和母爱两方面的内容。但是,在现代社会的中国家庭教育中,隔代教育和父母缺位使得大部分孩子所受的父性教育或母性教育严重不足。正是基于这样的认识,"丧偶式育儿"日益"问题化"。如何避免"丧偶式育儿"的发生,如何解决由其引发的问题,已经逐渐成为政府决策部门的重要议题。

第四节 夫妻双方在家庭教育中重点事项

男女双方步入婚姻、组建家庭后,根据家庭发展周期理论,夫妻双方紧接着便会进入养育孩子的阶段。孩子的出生使家庭系统中增加了新成员,夫妻双方面临着更为复杂的家庭任务,原有的婚姻系统需要根据孩子的到来做出相应的调整,

---

[1] 孙元升."父亲缺失"类型分析及其对策研究[D].上海:上海师范大学,2014.

家庭关系也极有可能需要进行重组和延伸。在此阶段，为了扮演好父母的这个角色，承担起相应的家庭教育责任，提前了解应重点关注的事项就显得尤为重要。

在养育孩子、陪孩子长大的过程中，夫妻双方应重点关注以下四个事项：（1）阶段性、一致性且持续地应对、处理亲子三角关系；（2）加强心理健康知识储备，关注自己和孩子的心理健康；（3）关注亲子关系的同时更要关注夫妻关系；（4）结合时代的发展变迁调整亲子关系模式。

一、分阶段持续一贯性处理亲子三角关系

孩子是生长发育中的个体，不同的发展阶段有不同的发展主题和任务，在某一方面成熟不代表其在其他方面也成熟，在某一方面不成熟也并不代表其在所有方面都不成熟。每个人都有自己发展的节律，既有普遍性，也有特殊性。因此，夫妻双方在养育孩子的过程中要客观地看待孩子的成长，理解孩子在不同发展阶段的需要，尊重孩子的个性和特点，帮助孩子发展兴趣和长处，相信孩子潜能无限，做孩子发展的鼓励者、支持者和促进者。

与此同时，夫妻虽然同属于一个家庭，但都是独立的个体，在养育孩子、处理亲子三角关系上难免会出现养育理念、教育方式等的不同，夫妻二人应注意保持良好的沟通，尽量在大方向上保持一致性。

夫妻双方都属于孩子的第一监护人，在养育、陪伴孩子成长这件事情上，无论是父亲还是母亲，都发挥着极其重要的作用，二者缺一不可，夫妻双方应持续性地关注孩子的家庭教育问题，处理好亲子三角关系。

二、加强关注自己和孩子的心理健康

自古以来，"望子成龙、望女成凤"，是千千万万父母的共同心愿。"棍棒底下出孝子，黄荆条下出好人"相信很多人都听说过，有的可能还领教过其中的厉害。但值得注意的是，如今社会环境已大不同，这句话所代表的教育观是否仍然适用，

需要父母们深思。

父母期盼孩子品学兼优是人之常情，但需要注意的是，一些父母缺乏心理健康相关的知识储备和正确认知，对孩子出现心理健康问题会有羞耻感。或者偏重孩子学习成绩，却忽视了孩子的心理健康。教育的首要目的，并不是让孩子取得出色的成绩，而是让他们拥有健全的人格。学会接受孩子的平凡，是家长的必修课；关注孩子的心理健康，是父母应尽的责任。"父母是孩子的第一任老师"，父母自身的心理健康对孩子的影响也是巨大的，父母们应当予以重视。

三、关注亲子关系的同时更要关注夫妻关系

夫妻关系是家庭中的基础关系，父母与孩子的关系是夫妻关系的继续和完成。夫妻双方将各自原生家庭的价值观和习惯带入婚姻关系中，这些价值观和习惯有很大的差异。如果父母建立一个共同的系统，让孩子有一种团结一致的感觉，孩子就会有安全感，并且愿意跟随父母；如果父母相爱，孩子就会感到安全和自由；如果父母中的一方控制了另一方的价值观，孩子便会自动地与被控制的那一方联合起来；如果父母关系出现问题，孩子则会想办法分担父母的痛苦以表示关心，他们很难拒绝这个诱惑，甚至会用伤害自己的方式应对；如果父母一方被排除，孩子（如接受母亲对父亲的恨）会感到不完整和空虚，或者被恨意捆绑，跟父母纠缠不休；如果父母的情感需要在婚姻关系中无法得到满足，而要通过孩子得到满足，在这种情况下，父母无意中视孩子为成年伙伴，孩子则在情感上必须成为照顾父母的角色，家庭的角色和功能就会被颠倒；原生家庭未解决的依恋，是孩子在今后成长路上发生关系冲突或困难的重要原因。[①]

"对孩子最好的教育是爸爸爱妈妈"，虽然我们主张先做好夫妻，再做好父母，可生活中亲子关系高于夫妻关系的现象比比皆是。虽然亲子关系是家庭关系中的重要组成部分，但夫妻关系若不和谐的话，对孩子的危害是非常深远的。

---

① 孟馥，姚玉红，刘亮.从出生到独立：写给父母的养育心理学［M］.北京：人民邮电出版社，2021.

有研究报告指出，童年期父母关系有冲突的成年人对自我和他人的评价更偏负面，且在亲密关系中出轨概率更高；学龄期儿童长期面对父母疏离者，对自我的肯定明显较低，在与他人建立关系中会表现出更多的焦虑、犹豫不决、不自信；由于婚姻冲突和工作压力而体验到更多焦虑的妈妈所养育的孩子，在社交中会表现出更多的焦虑和退缩等不安全行为。影响和导致孩子产生心理问题的最重要因素是孩子的核心安全情绪。父母的婚姻冲突是影响孩子核心安全情绪的最重要因素。因此，关注亲子关系的同时，更应关注夫妻关系。

四、结合时代的发展变迁调整亲子关系模式

当今社会，教育问题已经成为一个家庭中重中之重的事项，育儿作家珍妮·艾里姆说过："孩子的身上存在缺点并不可怕，可怕的是作为孩子人生领路人的父母，缺乏正确的家教观念和教子方法。"

孩子与父母的发展议题不只涉及孩子发展的议题，父母也会面临发展阶段的挑战；在孩子的发展进程中，要改变的不仅是个体本身，还有其所处的环境；父母也要结合时代的发展变迁调整亲子关系模式，与时俱进、相互促进、协调发展。

作为一名家庭教育指导师，我们的工作重点应放在：了解孩子的心理需要，探索形成家庭问题的原因；处理父母的危机，为孩子解脱和松绑；鼓励孩子自我分化（情绪和理智的分开、自我和他人的分开），专注于个人的正常发展，用发展表达对家庭的忠诚，用成长回报父母的养育；协助父母腾出时间和精力关心孩子发展的问题。

第五章
亲子关系

第一节　亲子关系的概念和重要性

亲子关系是个体面临的第一种人际关系，也是家庭教育的逻辑起点，更是家庭中建立和谐关系的重要组成部分。

目前诸多教育专家、学者及家长已经意识到，良好的亲子关系不仅能够让孩子健康快乐地成长，还影响着孩子人格的发展和身心健康的发展，因此亲子关系的建立是家庭教育中最核心的部分。

一、亲子关系的概念和分类

1.亲子关系的定义

（1）亲子关系是指父母子女关系。从法律的角度来讲，亲子关系是指父母和子女之间的权利与义务关系。父母和子女是血缘最近的直系血亲，为家庭关系的重要组成部分。根据我国《民法典》婚姻家庭编的规定，父母子女关系可以分为两大类：一是自然血亲的父母子女关系，这是基于子女出生的法律事实而发生的，其中包括生父母和婚生父母的关系，生父母和非婚生子女的关系；二是拟制血亲的父母子女关系，这是基于收养或再婚的法律行为以及事实上的抚养关系的形成，由法律认可而人为设定的，其中包括养父母和养子女的关系，继父母和受其抚养教育的继子女的关系。

（2）从心理学的角度来讲，亲子关系是指父母与其亲生子女、养子女或继子女间的关系。亲子关系是儿童最早建立起来的人际关系。父母的人品，对子女的教养、抚养、教育方式以及态度等，都在这种关系中直接对孩子的身心发展产生影响，也将影响儿童今后的人际交往关系。亲子关系是个体和社会生活中重要的一部分，在幼儿期，它几乎是个体全部情感的依赖所在。

2.亲子关系的分类

（1）20世纪60年代，加州大学伯克利分校发展心理学家戴安娜·鲍姆林德（Diana Baumrind）研究了父母不同的养育方法及其对孩子的影响。1967年，她撰文阐明了三种不同类型的养育方式：放任型、专断型和权威型。在随后的15年里，她的分类被奉为该领域的圭臬。而后来者又对上面这个分类进一步优化，以"放纵型"取代了"放任型"，并增加了"忽视型"。

（2）按照父母与子女的关系，亲子关系可分为四种类型，即多关心多管束、多关心少管束、少关心多管束和少关心少管束[①]。

二、亲子关系的重要性

法国教育家福禄贝尔说过："国民的命运，与其说掌握在掌权者手中，倒不如说掌握在母亲手中。"社会心理学、生态学、人本主义等在有关儿童社会性发展中强调早期社会性和情绪发展的中心部分是儿童与父母之间的关系。美国心理学家西尔斯（R.R.Sears）明确指出："儿童的发展与其说是在个体心理范围内产生的单一体系，不如说是在亲子相互关系的双维行为体系中发生的。"

亲子之间的关系是一种双向活动的过程，在这个过程中，父母的言行举止、价值观、成长经历等多方面因素直接或间接地影响着儿童的成长发育；同时儿童在这个过程中的反应反馈，又会对父母的各方面产生影响。社会价值、三观以及为人处世的原则等，都可以通过家庭成员之间的互动得到传递。在这个传递的过

---

① 吴舸.劳教男性青少年童年亲子关系的对照研究[J].应用心理学，1990（3）：51—55.

程中，父母的人格、性格、社会地位、教育程度、职业性质以及育儿的理念，甚至儿童自身的特点和看法，也都影响着他们如何向孩子传递这些价值观念。

亲子关系是孩子一生中最早接触到的人际关系，也是对孩子一生影响最大的关系。亲子关系的好坏对儿童的心理发展，比如精神健康、个性、自我认知、学业成绩、同伴关系、师生关系以及社会适应性等都会有很大的影响。近年来，青少年自杀事件频繁发生，据2014年世界卫生组织官网报告，自杀已经在全球范围内成为15~29岁人群的第二大死亡原因。2018年教育蓝皮书中国教育发展报告中的中小学自杀问题现状调查研究，将215例死亡及未遂的案例发生原因归纳为六类：家庭矛盾、学业压力、师生矛盾、心理问题、情感纠纷和校园欺凌。其中，家庭矛盾亲子关系导致中小学生自杀的比例高达30%，居自杀原因之首。

由此可见，亲子关系对孩子、父母、家族和家庭乃至社会的重要性。

三、亲子关系的作用

1. 亲子关系对孩子成长的作用

亲子关系对孩子性格、习惯以及心理具有重要影响，良好的亲子关系会有助于孩子的独立、自信和成长。父母与子女之间的亲情是人性的本质要求，也是人类感情的自然表达。亲子关系同时具有自然属性和社会属性：从自然属性角度看，家庭是养育人、培养人和塑造人的场所，亲子关系中的血缘关系是萌生孝伦理的根源，对孩子先天的情商有启蒙作用；从社会属性角度看，亲子关系中父母对孩子的养育方式、关爱方式和关心程度以及父母本身的文化水平会在不同程度上影响着孩子的进步和成长，孩子在爱的环境中，有被关爱、被呵护、被需要的感觉，多数孩子会因此而有良好的人际关系和人生目标。

2. 亲子关系对家庭稳定的作用

父母和子女有着不同的生活环境、时代背景、成长经历，在世界观、人生观和价值观等方面都存在着很大的差异，这种差异的存在必然会导致亲子冲突的发生。矛盾的存在是必然的，因此，如何正确看待和处理矛盾就显得非常重要。如果父母与子女都本着相互尊重的原则来共同商量和讨论解决问题的办法，就会更加容易达成共识、解决分歧。在平等和谐的气氛中解决矛盾，父母与子女都能体会到对方的感情流露，父母对子女更加"慈爱"，子女更加"敬爱"父母。在这个过程中，父母和子女都敞开了心扉，进行了良好的沟通，形成了更加和谐的亲子关系，家庭会更加和睦和稳定。

和谐的亲子关系所构建的稳定家庭符合我国和谐社会的要求，这种新型的家庭亲子关系更加符合时代的潮流。

3. 亲子关系对社会和谐的作用

如纪录片《镜子》的宣传语"孩子是家庭的一面镜子，更是社会的一面镜子"所言，单个家庭中的困扰不仅是"私人事务"，也是"公共事务"和"社会论题"。和谐的亲子关系必然会促进人与人之间的和谐相处，而家庭"人际关系"的和谐也必然会促进社会和谐。社会是由一个个鲜活的人所组成的社会，人是社会活动的主体，只有人际关系和谐了社会才有可能实现和谐[①]。

为了实现和谐的人际社会，必须要建立和谐的家庭亲子关系，家庭和谐的主要内容是家庭关系的平衡，温馨和谐的家庭氛围必然是家庭成员之间相互关心和爱护，这是时代所趋、民心所向，同时也是家庭指导师的社会价值所在。

四、亲子关系的特点

亲子关系有着不同于夫妻关系和其他人际关系的特点。

1. 不可选择性

亲子关系是家庭中由血统相连接的人际关系，从母体孕育生命开始，父母与子女的关系就存在了，即使由于失散等原因父母未能尽对子女的抚养义务，也无法改变以血缘为纽带的亲子关系存在的客观事实。对任何人来说，妻子、丈夫可

[①] [美]加里·斯坦利·贝克尔.家庭论[M].王献生，王宇，译.北京：商务印书馆，1998.

以选择，但具有血缘关系的父母是不可以选择的，父母只要生育儿女，就不能回避与子女的亲子关系。

2.永久性或不可解除性

亲子关系与生俱来、至死无终，任何外力都无法改变，并且受到一定的法律确认和保护。亲子关系不像夫妻关系那样，可以通过法律而解除，即使夫妻离异，不抚养孩子的一方，依然不能解除与孩子的亲子关系。对此，我国婚姻法第36条明确规定，父母与子女间的关系，不因父母离婚而消除，离婚后的子女，父母对其仍有抚养和教育的权利和义务。

3.亲密性

亲子之间有着天然的骨肉联系，包含着生命传续的深刻内容，父辈在抚养子女的过程中体验到自己的神圣职责，内心获得充实和完善，而子辈在父母的抚养下获得成为社会人的基本条件。亲子关系是人生最初建立起来的，它是发展其他社会关系的起点和基础，从衣食住行等家庭物质条件的共同分享到精神上、感情上的相互依存，都表现出亲子之间的亲密关系。

4.权利义务的特殊性

父母对子女的抚养教育和子女对父母的赡养照料，是人类自身生产中相互联系的两个方面，也是两代人之间相等的社会权利和义务。与其他任何的社会关系所不同的是，亲子之间的权利义务关系不是可有可无或可以任意放弃的，它不仅对人们有相应的道德要求，同时在一定程度上还受法律的约束。

通过以上内容的阐述，我们对亲子关系的概念、特点、作用及重要性有了一个全面的了解，同时也看到亲子关系不仅仅是父母与子女之间的关系，是家庭的稳定器，是一个家族文化传承的延续，更是建立和谐社会、推动社会文明发展不可或缺的动力源。

通过以上内容，我们了解到了亲子关系在家庭教育当中的重要性和作用，那么如何通过建立良好的亲子关系使其成为家庭教育的核心和纽带，是家庭教育指导师们要关注的重点。

第二节　亲子关系发展的过程与规律

亲子关系是一种不对称的双向关系。亲子关系是不断发展变化的，它随着孩子年龄的变化而变化。

一、亲子关系发展的规律

在家庭教育中，情感的感染作用的大小同子女的年龄特征也有密切关系。一般情况下，子女年龄越小，家长情感的感染作用就越大，效果也越显著。随着孩子年龄的增长，父母与孩子之间的情感依然浓厚，但由于孩子独立意识和独立能力的增强，对父母的依恋程度降低，思维的独立性和批判性增强，情感变得稳定、内敛，自我控制能力增强，受外界影响减少。因此，父母情感的感染性降低，说理教育、以理服人的效果加强。

二、儿童人格发展的五个阶段

美国精神病学家、著名的发展心理学家和精神分析学家埃里克森（1902—1994）的著作《童年期与社会》中的观点，即人格发展阶段理论，是目前世界上应用最广的。埃里克森认为，人格发展是一个逐渐形成的过程，他把人的一生发展划分为八个阶段，其中前五个阶段属于儿童成长和接受教育的时期，也是建立良好亲子关系的最佳时期，具体如下：

1. 基本的信任感对基本的不信任感（0~1.5岁）

该阶段的发展任务是培养信任感。这一阶段发展的主要任务是，培养人对周围世界以及社会环境的基本态度，培养基本的信任感，这是人格健康的基础。一个婴儿出生后最迫切的需要是父母爱他、照顾他。如果他能得到合理的照顾、哺育、关切与爱护，就会感到世界是个安全而可信赖的地方，因而发展起对他人的信任的人格。相反地，如果父母照顾不周、环境多变、哺喂欠缺、对他态度恶劣，就会使他对周围环境产生猜疑，面对新环境时会焦虑不安，形成不信任他人的人格。

2. 自主感对羞耻感与怀疑（2~3岁）

该阶段的发展任务是培养自主性。这一阶段的幼儿开始独立处理事情，开始学会许多动作，如独立穿衣、吃饭、走路等。他们开始试探自己的能力，不愿他人干预。如果这种试探得到父母或照料者的允许，并鼓励其做力所能及的事情，幼儿会逐渐体会到自己的能力，出现自主的感觉，养成自主发展的人格。相反地，如果父母或照料者过于溺爱和保护幼儿或者是过分批评指责，对他们的独立行动表现出不耐烦、横加干涉，幼儿就会对自己的能力表示怀疑，怀疑自己对自我和环境的控制能力，并产生一种羞耻感，最终发展成羞怯与怀疑的人格。

3. 主动感对内疚感（4~5岁）

该阶段的发展任务是培养主动性。这一阶段的儿童由于身体活动能力和语言能力的发展，开始把他们的活动范围扩展到家庭之外，开始对发展其想象力与自由参与活动感兴趣。儿童喜欢尝试探索环境，承担并学习掌握新的任务。此时，如果父母或教师对儿童的问题耐心倾听并认真回答，对儿童的建议适当地鼓励与妥善处理，儿童的主动性就会加强，从而发展了解是非的良知，培养出明辨是非的道德感。相反地，如果父母或教师对儿童提出的问题不屑一顾或嘲笑、禁止儿童的建议和活动，儿童就会形成退缩、压抑、被动和内疚的人格。

4. 勤奋感对自卑感（6~11岁）

这一阶段发展的主要任务是培养勤奋感。这是儿童进入学校掌握知识、技能的时期。儿童在这个时期第一次接受社会赋予他的期望去完成社会任务。他们所追求的是自己的学习、工作等获得成绩与成就，并因此得到老师和家长的认可和赞许。儿童将会以成功、嘉奖为荣，勤奋感也会加强，进而培养起乐观进取和勤奋的人格。相反地，如果对儿童教育不当，或其屡遭败绩，或其成绩受到冷漠对待，儿童就会自视不如他人，形成自卑感，发展出自卑的人格。

5. 自我同一性对角色混乱（12~18岁）

这一阶段发展的任务是培养自我同一性。所谓自我同一性，是指个体组织自己的动机、能力、信仰及其活动经验而形成的有关自我的一致性形象。就是个体尝试把与己有关的各个方面统合起来，形成一个自己觉得协调一致的整体。这些层面包括自己的身体相貌、自己以往的状况、自己的现状、环境与条件的限制以及对自己未来的展望等。个体综合这些侧面，判断"我是个什么样的人"。自我同一性的建立，可以使青少年了解自己，了解自己和周围环境之间的关系，能与环境保持协调和谐，这些心理特质对青少年走向社会、走向生活、接受人生挑战都是至关重要的。自我同一性的形成要求谨慎的选择和抉择，尤其体现在职业定向、性别角色等方面。如果个体不能整合这些方面和各种选择，或根本就不能进行选择，不能建立自我统一性，青少年就会产生自我否定的情绪，就会导致角色混乱，无法觅得关于自我一致的见解。埃里克森非常重视自我同一性的发展，并认为同一性的发展与前几个阶段有着密切的关系。前几个阶段发展得不顺利，那么同一性发展就会相当困难，甚至不可避免地发生同一性混乱。同一性不是在青春期才出现，儿童在之前已经形成了各种同一性，但是进入青春期后，早先形成的同一性不能应付眼前的选择和决断了，同一性的发展便成为这一阶段的首要任务。

了解孩子成长过程中的需求和变化，看见孩子的内在世界，尊重孩子的成长规律，匹配孩子当下的需求并顺势而为，是建立和谐亲子关系的关键。

第三节　影响亲子关系的因素

影响亲子关系的因素是多方面的：从宏观方面来讲，有战争、社会发展、区域的文化、家族系统等因素；从微观方面来讲，有原生家庭、父母教养、父母性格特质、父母的受教育水平、个体创伤等因素。

据国内外的专家学者研究发现，影响亲子关系的主要因素有父母的教养方式、夫妻关系和孩子成长过程中特殊时期等因素。

一、父母的教养方式对亲子关系的影响

美国心理学家Symonds经过研究发现：被父母接纳的儿童通常表现出社会所需要的行为，例如情绪稳定，有广泛的兴趣和同情心；相反地，被父母拒绝的孩子大多数在情绪上表现出不稳定、冷漠、固执和叛逆；受父母控制的孩子更被动、听话、不自信，并且有很强的依赖性；让父母屈服于自己的儿童则表现得非常激进。

1. 权威型的父母对亲子关系的影响

尊重孩子的独立性并坚守合理的要求，帮助他们养成自信、满足、独立、热爱探索，能够自我控制、自我肯定和社会互动良好的人格特质。在这样的家庭里，孩子觉得父母可亲可敬，他们信赖父母，对父母的教育持开放和接受的态度，父母在孩子心目中有很高的威信；亲子关系冲突频率与强度都较低，父母对孩子的教育感染力相对较强。

2. 专断型的父母对亲子关系的影响

随意且不正当地使用作为父母的特权，对孩子提出的要求更多是从自己的喜好出发，很少跟孩子解释为什么要这样做，使孩子几乎无法独立选择自己该干什么、不该干什么，孩子感受不到他们的温暖和支持。这样的亲子关系不亲密、不融洽，甚至会成为"猫鼠关系"，很少有语言交流。孩子说话、做事往往小心翼翼，需求经常得不到满足，困惑不能得到及时解决，负面情绪也不能有效地宣泄。最终会导致亲子关系淡薄、疏远、紧张，且父母对孩子的影响力减少，有亲子情感对立，甚至会酿成家庭悲剧。

3. 放任型的父母对亲子关系的影响

父母很少向孩子提出要求，给孩子最大的行动自由，把尊重孩子的意愿放在

首位，很少与孩子沟通。无条件地爱和接受孩子，即便提了要求，也不坚持让孩子做到，大有尽量让孩子自我管理的味道。这样的父母整天围着孩子转，和孩子的关系看似融洽，实则看着孩子的脸色唯唯诺诺，孩子是"小皇帝"，是家庭的中心，孩子高兴了全家一派祥和，孩子生气了父母十分紧张。由于缺乏正确引导，孩子常常不知道某件事自己该不该做、做得对不对。没有制定相对统一的对儿童言行的标准，使得孩子行事幼稚、依赖性强、缺乏勇气、缺乏探索精神。此类型的亲子关系黏腻，界限不清，多数的"啃老族"都是出自该养育类型。

4.忽视型的父母对亲子关系的影响

父母对孩子既缺乏爱的情感和积极回应，又缺少行为方面的要求和控制，一般只提供食宿衣物等物质需求，不在精神上提供支持。他们与子女也不存在权力争夺的问题，基本上没有尽到养育之责。此类型的亲子关系生疏、冷漠，甚至孩子内心会对父母产生敌意。

二、夫妻关系对亲子关系的影响

一个家庭的核心是夫妻关系，其次才是亲子关系，亲子关系是建立在婚姻基础上的，即由夫妻关系衍生出来的最直接的血缘关系。

夫妻婚姻关系质量是影响家庭团结和睦、构建和谐亲子关系的核心因素。婚姻系统出现的问题也会外溢到亲子系统。从某种角度来看，亲子关系是夫妻关系的一种呈现。

布朗芬布伦纳所提出的生态系统理论说提出，环境包含微系统、中系统、外系统以及宏系统四大系统。而儿童接触最多的是四大系统中的微系统——家庭，其对子女的发展影响尤其深远。一个家庭里，夫妻关系的经营会直接影响家庭教育的质量和孩子完整人格、情感体系的形成。

拥有健康和谐的夫妻关系，父母对待孩子会更有耐心，可促使孩子形成安全型依恋，形成良好的亲子关系；同时心理学家Rutter指出，长期不和谐、冷漠、紧张的夫妻关系会对儿童精神发展产生不良影响。刘艳（2015）的调查结果显示：在父母离异的家庭中，有33%的子女心理健康水平较低；在家庭生活不和睦的家庭中，有13.5%的子女心理健康水平较低；而生活在温馨和睦的家庭环境中的儿童，仅有4.8%的子女心理健康水平较低。

由此可见，夫妻关系的和谐与否，会对儿童的心理健康水平产生极大的影响。

三、孩子成长过程中特殊时期的影响

在孩子成长的过程中，一些特殊时期（叛逆期），因个体受到生理激素以及认知发展、心理因素的影响，在生理、心理特别是情绪方面会明显发生一些变化。这个特殊时期，如果父母没有一个正确的认知，会对亲子关系造成比较大的冲击。

1. 第一叛逆期

2~4岁，孩子进入人生第一个叛逆期。孩子在两岁左右自我意识开始觉醒，有了"我"的意识。这一阶段的他们不愿意再事事服从父母，开始喜欢说"我不"，这种方式会让孩子有成就感，感觉"自我"得到了满足，这也是他们建立自信的重要过程。

家长眼中一个可爱听话的小天使忽然变成了一个顶嘴、叛逆的小恶魔。在这个过程中，家长要做的就是保证孩子的安全，尊重孩子的人格，避免经常责怪孩子"不听话"，鼓励他们研究和探索，同时要开始立规矩。

在1岁前，孩子与妈妈是"共生关系"，从2~4岁开始，孩子的自我意识建立，这时就需要父母逐步放手，需要让孩子既感受到自我的存在，又可以在父母这里感受到无条件的温暖、接纳和被保护。

2. 第二叛逆期

7岁左右，孩子进入人生第二个叛逆期，又称为儿童叛逆期。这一阶段的孩子到了入学年龄，同时开始对世界有一种懵懂的概念，并逐渐形成自己的主见和主张。从第一个叛逆期毫无理由的顶嘴，到第二个叛逆期开始按照自己的道理反驳，

这是一种认知水平的发展。

这一阶段的孩子在学校,可能会被当作"调皮""不听话"的孩子,恰恰这一阶段更需要父母的爱和关心,父母要学会多倾听和尊重孩子,避免过度反应,最好用平和、商量的语气来和孩子沟通,而非强制命令。这个阶段让孩子感觉到父母既有支持又有信任,这样才能建立起良好的亲子关系。

3. 第三叛逆期

12~18岁的青春期,这是孩子的第三个叛逆期。有心理学研究发现,12~20岁之间是父母与孩子冲突最为激烈的时期。在这一阶段,孩子的身体生长会发生明显的变化,也是性发育、性成熟的一个时期,身体激素水平进入一个活跃期。

这一时期的青少年自我意识逐步发展,思维的独立性和批判性显著发展,青少年开始意识到亲子关系的维护依赖于亲子双方,这种变化在行为中主要表现为青少年开始经常以审视和质疑的目光看待甚至公开反抗曾经盲目遵从的父母权威,从而导致原有的亲子关系格局被打破,进入一个需要从父母居于支配地位的单向权威向亲子双方居于相对平等地位的双向权威转变的时期(Fuligni,1998)[1]。

在青春期,父母需要从儿童时期的管教模式中脱离出来,把孩子当作一个独立的个体来平等对待。此阶段对孩子要有充分的尊重和理解,让孩子感受到父母"懂"他们。

只有了解了影响亲子关系的主要因素,家庭教育指导师们才能在具体的家庭教育指导中做到有的放矢。

第四节 亲子关系常见的问题

家庭最主要的价值在于关系,而关系是无法被替代的。由于关系中发生矛盾

---

[1] Fuligni A J. Authority, autonomy, and parent-adolescent conflict and cohesion: a study of adolescents from Mexican, Chinese, Filipno, and European backgrounds, Developmental Psychology, 1998(34): 782—792.

或冲突升级，有的家庭成员会声称断绝彼此的关系，最终只会伤害自身，因为他牺牲掉的是自我认同感、家庭情感和社会环境的丰富性。所以，当亲子关系遭遇问题时，其实只是家庭系统出现了功能不良。近几年媒体有很多关于亲子关系冲突引发的悲剧的报道，如"名校学子弑母""17岁少年跳桥"等。其归根结底都是家庭系统和亲子关系出了问题，过激行为和冲突事件的发生也引起了社会、家庭及诸多的专家学者对此问题的深入调查和研究，比较突出的问题有以下几方面。

一、沟通障碍

家庭成员之间有效的沟通是保证家庭和睦、建立良好亲子关系的一个重要环节，但目前多数父母不管是工作和生活都处于紧张的状态，在这种状态下，就比较难与孩子沟通、交流。

在一项针对中小学生的调查问卷中，"当你有心事会选择对谁说"一项，"选择对朋友说"的占63.1%；"每周与家长沟通的时间"一项，"1小时以上"的占28.4%；"家长每隔多长时间与你聊天交流一次"一项，"一月有那么几次"和"基本不交流"的均占17%；"家长对你哪一方面最关心"一项，"学习"的占56.8%；"家长与你交流的内容主要是哪些方面"一项，"学习成绩"的高达83.6%；"你与父母发生争执的主要原因"一项，"不能理解我做的事"的占46.2%，"总是将我与别人家孩子比较"的占13.4%，"没有跟我进行充分的沟通"的占24%，"没有给予我充分的自主权"的占16.4%；"我非常不喜欢父母对我"一项，"唠唠叨叨"的占35.5%，"拿我和别人家孩子比较"的占22.1%，"全方位监控"的占26.5%，"直接干涉"的占15.9%。

由此可见，亲子之间的沟通是影响亲子关系的重要因素。特别是以下几种沟通方式会成为亲子关系的"杀手"：

1. 单一式沟通

父母见到孩子时，只会与孩子谈论关于学习的事和话题。学习成为家长最热衷的话题是引发学生厌烦情绪的主因。很多家长与孩子之间的沟通只剩下"作业写完了吗""老师讲的都听懂了吗""学校的作业写完之后再写点妈妈买的练习册吧"这种话。这相当于领导每天下班的时候站在门口问员工"工作做完了吗""自己的工作做完之后我再给你布置点新的工作吧"，想想都令人窒息。重要的是，亲子关系并不是领导和下属之间的那种利益关系，更不要把孩子养育当成目标，更多的是需要与孩子建立情感链接，而这链接却生生被"问作业"斩断。在孩子眼里，自己对于妈妈来说重要性完全比不上作业。

2. 权威式沟通

有些父母自视为家庭权威，与孩子沟通时只会给孩子下命令，并拒绝做解释。当爸爸妈妈总是说"我是爸爸/我是妈妈，我说了算"时，就会压抑孩子想做某事的意愿，有些孩子可能会想，"爸爸妈妈总是决定我的事情，那我干脆就什么也不做了"，结果导致了孩子缺乏自主意识，形成心理依赖。

3. 比较式沟通

我们身边不乏看不到自己孩子优点的爸爸妈妈，总拿自己的孩子跟别人的孩子做比较。张口就是"你看人家……，你又……"之类的"质问"，这会让孩子很失落，觉得自己什么都不如人，长期下来会使孩子一点儿自信都没有，从内心深处相信自己不如他人。

4. 唠叨式沟通

唠叨，是无效的重复说教，也是中国父母和孩子之间最常见的一种错误的沟通方式。当孩子妥协时，他并不是认同了父母的话，而是为了逃避父母的唠叨。久而久之，就会形成一种恶性循环，唠叨的特点无非就是"负面、无效、重复"，这些特点加到被唠叨者（孩子）身上，就是一种自我体验的不断被干扰，也是影响孩子专注力的罪魁祸首。

二、越界干涉

1. 界限的概念

界限是家庭治疗的重要概念，主要是指家庭界限，指个体、子系统或系统同外部分开的无形的边界线，是一种情感的屏障和距离。界限规定了家庭成员与子系统之间，家庭与外界之间的空间距离，用来决定谁是内部成员，谁是外人，谁能加入以及加入的规则。界限在维持所有家庭子系统的相互依赖的同时，也有助于保证每个子系统的自主性，是维系家庭中个体或团体完整性的重要条件。

2. 越界的现象

很多人小时候都有这样的经历：父母不敲门，随便进出自己的房间；被父母翻看手机、日记本；和谁一起、去了哪里、做了什么，都要汇报……孩子生气，找父母理论时，还会被斥责："我是你爸/妈，有什么不能看的！""小孩子有什么秘密？就你事多。""我还不是为了你好，怕你犯错。"弱小的孩子也没有办法，只能默默地关上了朝向父母的心门。没有界限感的父母，过多地侵入孩子的成长空间，会破坏孩子内心的安全感，从而影响亲子关系。

"我都是为了你好"，当父母说这句话时，很可能意味着，父母越界干涉了孩子，把自己的意志强加在孩子身上，说起来是为孩子好，实质上是为满足自己的需求。这样毫无界限感地干涉孩子，会逐渐让孩子没主见、没自信，孩子的依赖性会越来越强，独立性却越来越差。

这种越位，往往源自父母搞错了逻辑，颠倒了因果，把孩子的现状和表现作为教育的起点，只想着采取各种办法去"对付""管教"孩子。

"亲子界限感"并不等于放养式的不闻不问、不干预、不引领，如何有效地把握好亲子界限感需注意以下几点：

（1）包办代替变为鼓励引导：不要喂饭，让孩子自己吃，给他戴个围兜教他正确拿勺；不要帮他收拾玩具，引导帮助他，与他一起归纳整理；外出不要帮他拿东西，给他准备一个小包，让他自己管理自己的用品；不要帮他洗手，教他正确的盥洗方法，提醒他饭前便后要洗手。

（2）尊重孩子的权利，给孩子一定的空间：孩子大了切勿在未经允许的情况下翻阅孩子的日记、手机信息等，不要随意代管孩子的压岁钱，但在征得孩子同意后可以与孩子一起探讨使用计划，也可以提意见和建议，家长越懂得尊重，孩子就越愿意与你亲近与分享。

（3）在不违背原则的前提下，适当尊重孩子的选择：比如有的孩子喜欢打篮球，家长却觉得弹钢琴好，就逼着孩子去学钢琴，其实，这个时候我们大可不必强迫孩子，要知道兴趣是孩子学习最大的动力，我们为什么不尊重孩子的兴趣和选择呢？

三、教育重点失衡

1. 父母主观判断重于孩子真实感受

简·尼尔森博士曾说："行为不端的孩子并不是坏孩子，只不过是沮丧的孩子。"她在《正面管教》一书中说道，当小孩的归属感和确认重要性的需求没有得到满足时，他就会觉得沮丧。

当孩子明确知道"有人在乎我的感受，有人试着理解我，有人愿意尊重我"，并感受到爱的时候，他们自然也愿意用这种方式来爱和回馈父母。

据心理热线平台统计，家长咨询有关孩子的问题多是说孩子上课注意力不集中、写作业磨蹭敷衍、不听话、与父母对着干等，但咨询孩子情绪问题的却很少，除非孩子已经出现厌学、暴力倾向和自残等偏激行为后才引起父母的关注。目前，多数家庭的亲子关系是建立在孩子听话，学习好，职业好就一切安好，父母对子女的学业教育高于一切的基础上的，更多的父母总是用自己的感受去替代孩子的感受，对孩子的声音听不见，孩子的想法也看不见，久而久之，亲子间的隔阂会越来越深。

2.情绪大于内容

在现实生活中，一些父母情绪冲动对待孩子的场景比比皆是：

"有一次，我急着带孩子出门，孩子偏不起床，我生气地使劲一拉，孩子手脱臼了。"

"晚上叫孩子洗漱，他怎么都不动，我的火气一上来，把牙刷摔成了两半。"

"孩子读初中时，有一天说我不会当父亲，我平生第一次甩了他一巴掌。"

"陪孩子做作业，她不专心，气得我把她作业本给撕了。"

大多数父母都小心呵护着孩子，可避免不了的是，在爱孩子的过程中，常常会因为发怒而冲动对待孩子。孩子在成长的过程中，学习的重点是父母的行为和情绪，而不是父母的指令，孩子看见父母在面对某一种情况时产生的情绪反应，便会认为那是正确的，并且在自己面对同样情况时会做出同样的情绪反应。在日常生活中，父母因为孩子没有按时完成作业、成绩不好等类似问题而发飙时，是否想过那一刻自己在孩子的眼中是什么样子？有一句话说得特别好，父母在与孩子的互动过程中，孩子不一定记得父母说话的内容，但一定记得父母说话的样子。

四、情绪模式

情绪往往是亲子关系沟通中的绊脚石，而父母和孩子的情绪还会相互影响、存在正负加强性。因此，稳定的情绪模式是我们建设良好亲子关系的一个重要环节。在亲子关系的发展中，不少看似由孩子的"问题"而引发的"冲突"，实际上是由父母的情绪模式所导致的。比如辅导作业时，很多家长不一会儿就开启了"暴怒"模式，这实际上是父母的焦虑或者是父母"失控"的情绪反应。当父母有情绪的时候，会妨碍父母对于孩子内在真正的需求、孩子情绪的关注，这就是心理学中常说的"注意力狭窄"，这种情况会严重破坏良好亲子关系的建立。

关于情绪问题，我们需要注意以下几点：

（1）父母情绪稳定，是孩子情绪稳定的来源。

（2）当父母面对孩子的行为产生较大情绪的时候，父母要学会觉察，看看这个情绪是孩子给我们的，还是我们自己本身就有的。

（3）由于孩子对父母来讲是最安全的存在，那么父母很容易将自身的情绪发泄在孩子身上，无意间孩子就成了父母的情绪释放对象。

（4）当孩子由于外界环境或者事件产生情绪的时候，父母首先要接纳的是孩子的情绪而非判断这件事情的对错或者结果。面对有情绪的孩子，和孩子有身体上的连接比任何行为与教育都有效。

家庭教育是一切教育的基础和起点，良好的亲子关系是家庭教育当中一个重要的核心和载体。对于个人而言，亲子关系是最原始的基因，其对孩子性格的形成，与人交往的模式，表达爱和感受爱的能力，都起着决定性的作用。家庭教育指导师只有全面了解亲子关系在家庭教育中的重要性、作用及存在的突出问题，才能给予合理的解决方案和正确的指导。

第六章
家庭教育中的隔代教育

第一节　隔代教育的概念

在社会上出现"隔代教育"这个专有名词以前,"谁带孩子"早已是每个家庭在迎接新生命到来之际必然要讨论的话题。如今,无论是在学校门口、生活小区还是在公园、商场、培训机构,祖父母照管着孩子的情形屡见不鲜;在乡镇农村,祖孙相伴更是司空见惯的情景。

一直以来,老人带孩子在中国人的传统观念里似乎是顺理成章的。随着二胎时代的全面开启和三胎政策的推行实施,多孩家庭增加,祖辈参与孙辈教养的比例在未来很长一段时期里很难出现下降,隔代教育是很多家庭难以回避的选择,其已经成为我国家庭主要的儿童抚育模式。在高度重视教育的当下,隔代教育受到了越来越多的关注。

隔代教育存在于众多的家庭,对于个人、家庭、社会有着方方面面的影响,认识其含义、利弊、重要性和优化愿景,是家庭教育指导师的初级目标。

一、隔代教育的含义

狭义的隔代教育,是指祖辈因为子辈死亡、离婚、遗弃、入狱等原因完全无法抚养孙辈,代替子辈成为孙辈的主要养育者。

广义的隔代教育,是指祖辈(包括直系祖辈和非直系祖辈)抚养照顾孙辈。

当前最为普遍的隔代教育的定义是，祖辈与孙辈一起生活，并承担抚养教育孙辈的主要或全部责任。其主要具备以下几个特征：（1）祖辈与孙辈共同生活；（2）祖辈承担着照顾孙辈的主要任务；（3）祖辈对孙辈的生活、教育产生影响。[1]

在亲子教育作为家庭教育主导的现代社会，隔代教育是一种代位或越位教育，属于家庭教育的一种特殊形式，也是家庭教育的重要组成部分。隔代教育涵盖的不仅仅是祖辈对孙辈教育，还涉及家庭代际关系、家风家文化传承、祖辈的养老问题和亲子教育的衔接等诸多与家庭生活、社会生活密切相关的范畴。

二、隔代教育的常见模式

祖辈是隔代教育的承担者，根据祖辈参与隔代教育的各个角度，隔代教育可以大概分为以下几种主要类型（见图6.1）。

根据祖辈参与隔代教育的程度	根据祖辈的教育态度和方式	根据祖辈参与隔代教育的时间	根据祖辈和孙辈的居住形式
a. 祖辈全面教养	a. 溺爱型	a. 长期全职型	a. 三代同堂
b. 以祖辈为主、父母为辅	b. 专制型	b. 定期专职型	b. 轮流式三代居住
c. 以父母为主、祖辈为辅	c. 放任型	c. 偶尔帮忙型	c. 祖孙同住，父母长期外出
d. 父母教养，祖辈旁观	d. 民主型		

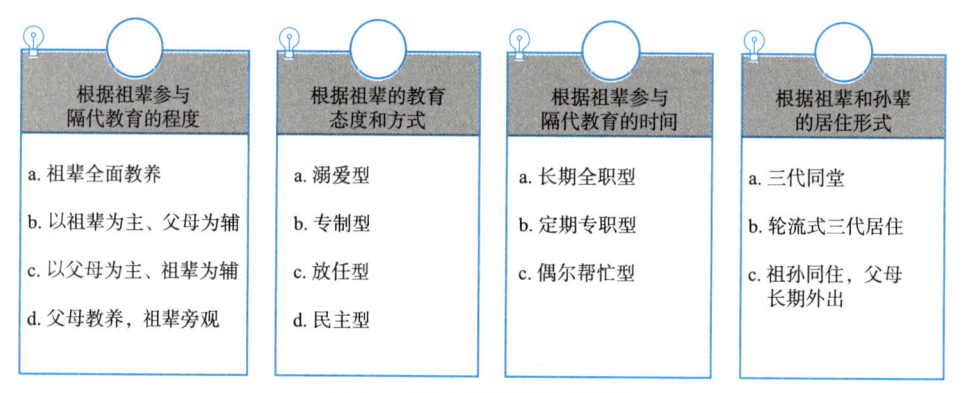

图6.1　隔代教养模式示意图

1.根据祖辈参与隔代教育的程度

（1）祖辈全面教养。祖辈全面教养也称为完全隔代教养。祖辈接替了父母的角色，对孙辈承担起几乎全部的抚养和教育责任。常见于单亲家庭、离异家庭、农村父母外出务工的家庭，或者城市父母因为工作没有精力照顾孩子，长时间把孩子交给祖辈的家庭。此外，还有父母因身心疾病、犯罪、去世导致完全缺位的特殊问题家庭。

---

[1] 李善英.城镇化背景下学前儿童隔代教育现状及思考［J］.龙岩学院学报，2021，39（1）：120—126.

（2）以祖辈为主、父母为辅。以祖辈为主、父母为辅的联合教养，是指在祖辈和父母共同教养孩子的家庭联合教养模式下，祖辈作为孩子的主要照顾者，承担了更为主要的抚养和教育责任，而父母承担的责任较少，亲子教育较大比例被隔代教养所取代。比如，父母会参与做一些决策，或者给祖辈"搭把手""换个班"，但是主动意愿和实际行动都比较少。这种模式常见于单亲家庭、离异家庭、重视工作而忽视孩子的家庭，或者是父母不负责任选择当"甩手掌柜"的家庭。

（3）以父母为主、祖辈为辅。以父母为主、祖辈为辅的联合教养，是指父母是孩子的主要照顾者，祖辈扮演"协助者"的角色。例如，祖辈负责抚养层面的事务，如饮食、起居、家务等，而父辈负责孩子的教育，包括学习和素质培养；或者祖辈在父母的意见和指导下，帮助父母执行一些"任务"，家庭中祖辈和父母分工协作，分别承担孩子的一部分教养事务。

（4）父母教养，祖辈旁观。这样的家庭以亲子教育为核心，父母全面承担孩子的教养，对孩子的成长教育起主导作用。祖辈认同父母是孩子成长的责任人，基本不参与孙辈的教育，关注但不代劳。且和孙辈在情感和活动中互动，享受儿孙绕膝的天伦之乐。西方国家的祖辈多数是秉承这样的原则。如今国内较为年轻的祖辈群体由于受西方家庭观念影响，个人意识崛起，这种类型的祖辈数量有所增长。父母全面教养的模式既可能是家庭中的父母二人共同参与形式，也可能是单亲家庭的父亲或者母亲独自承担孩子的全部教养责任。

真正意义上的隔代教育主要是指前三种模式。实践证明，第三种教养模式是比较理想的，兼具了两代人的教育经验和智慧，也更体现出合理分工、优势互补。完善的隔代抚养模式，就是建构真正意义上的家庭共同体，发挥父母和祖辈的各自教育优势。

2. 根据祖辈的教育态度和方式

（1）溺爱型。在"隔辈亲"的溺爱模式下，祖辈事事包办，时刻关注，无条件满足孙辈的要求。在这样过度呵护的教养下，出现了越来越多的"小皇帝""小公主"。

（2）专制型。祖辈认为只有严格教育，孙辈才能有成就；信奉"棍棒之下出孝子"的旧训，刻板、严格、强势，孙辈只能无条件服从，不能提出异议，一切行为需符合祖辈的标准和要求。教育方式以打压、惩罚和要求为主。

（3）放任型。受文化水平、经济状况、时间和体力的限制，祖辈无力或者不愿意承担孙辈的全部教养责任，顶多照顾孙辈的温饱起居，对孙辈的成长听之任之，既不关爱也不提出行为规范。

（4）民主型。祖辈对孙辈温暖关爱，理解共情，同时讲原则讲道理，结合了民主关爱和理性教导，张弛有度，督促和帮助孙辈努力达成目标。

学者们普遍认可第四种教养模式，其掌握分寸、方式灵活、因人施教，只是能达到这种状态的隔代教育家庭还是少数。

3.根据祖辈参与隔代教育的时间

（1）长期全职型。祖辈长期和孙辈生活在一起，或者是和子女孙辈共同生活，他们不仅是孙辈的主要养育人，负责孙辈的生活起居，还承担了家庭中的大部分家务，时间和精力完全被家庭和孙辈所占用。

（2）定期专职型。祖辈根据父母的综合情况和孩子的照顾需要，短期或者定期承担孩子的教养事务。他们所主要照顾的对象是孙辈，负责的是孙辈的日常抚养事务，时间上不是全职，有一定自己的时间和空间。

（3）偶尔帮忙型。父母是孩子的主要教养人，祖辈不与子女同住，或者只是短期同住，不承担孙辈的教养事务，只是短期或者父母临时需要时搭把手帮忙照顾孩子。

目前城镇隔代教育家庭普遍是以后两种模式为主，而农村隔代教育家庭由于父辈外出务工长期缺位，第一种模式最为普遍。

4.根据祖辈和孙辈的居住形式

（1）三代同堂。祖辈和子女、孙辈长期居住在一起。

（2）轮流式三代居住。夫妻双方的祖辈，不定期轮流去到子女家中和子女、孙辈居住在一起。

（3）祖孙同住，父母长期外出。城镇家庭主要是以前两种形式居多，尤其是在城市里成家立业的异地夫妻日益增加，许多祖父母或外祖父母以各种形式，不远千里来到城市中的子女家中帮忙照看孙辈。第三种形式更多地存在于农村家庭，或者城市家庭父母长期外出工作的家庭。

第二节　隔代教育的成因和现状

一、隔代教育的成因

中国家庭隔代教育普遍存在，既有着悠久的历史渊源，也具有鲜明的时代特色。其成因可以大致分为历史原因、社会原因、家庭原因和心理原因。

1.隔代教育产生的历史渊源

追溯至原始社会的母系氏族，受尊敬的高辈分老祖母是原始群体的首领，在年轻女性外出进行生产活动时，其对有血缘关系的幼儿进行照料，原始社会"隔代教育"初步形成。随着对偶婚制的形成，男子可确认自己的亲生子女，原始社会进入了父系氏族社会，男子在生产中日益重要，按父系计算世系和父系继承权的确立，使家庭内部有血缘关系的成员以氏族的形式团结起来，在父辈外出劳作时，祖父与祖母共同承担起孙辈的部分照看与教育义务，"隔代教育"意识形成。[1]多代同堂是氏族普遍的生活模式，对孙辈的隔代教育是祖辈习惯而自然的行为。

源于原始社会父系家长制，以血缘为本，亲族牢固的宗法制度成为中国历

---

[1] 徐晓慧.对当前我国"隔代教养"的伦理反思［D］.株洲：湖南工业大学，2018.

史上传统社会的结构定式。中国家庭伦理强调以家庭为本位，聚族而居是古代宗法制度的重要特征，体现了宗族群居、长幼有序、尊祖敬宗的精神。传统的中国家庭大多几代同堂，祖孙几代住在一起，尊卑长幼非常明确。这种居住方式对祖辈为孙辈进行隔代教育提供了便捷的条件。几千年的儒家文化造就了中国家庭成员对家的义务，父母尽责、子孙尽孝、家庭成员之间相互支持和帮助，在这样的伦理基础下，三世同堂，祖辈帮忙照顾孙辈也成为现代中国家庭的自然模式。

在我国根深蒂固的家庭伦理生育观念中，子孙满堂意味着家族的幸福圆满，承载着家庭兴旺的愿景，这种思想在"不孝有三，无后为大"中得到充分体现。所谓"含饴弄孙"，不仅是祖辈追求的幸福图景，更是他们的自觉责任。祖辈把隔代抚育作为家族传宗接代的使命，将照看孙辈作为自己晚年的必要任务。

可见，隔代教育在我国自古有之，以血缘为纽带的宗族制度、以家庭为单位的生产方式、以"夫妻有别"为基础的家庭伦理角色、以"儿孙满堂"为基础的家庭伦理文化共同奠定了我国隔代教养的历史渊源。[①]

2. 隔代教育兴起的社会背景

社会老龄化，老年人健康水平的提升，生育政策的变化，经济的迅速发展，劳动力市场的激烈竞争，快节奏的社会生活，这些社会因素都促进了隔代教育的迅猛发展。

（1）老龄化因素。中国社会老龄化速度越来越快，且程度越来越深。2021年5月11日，国家统计局在国新办发布会上发布了第七次全国人口普查关键数据：60岁及以上人口为26 402万人，占总人口的18.70%；其中，65岁及以上人口为1.9亿人，占总人口的13.50%，上升了5.44%。根据中国发展基金会预测，2022年中国65周岁及以上老年人占比将突破14%，按照联合国的定义标准，我国届时将

[①] 徐晓慧.对当前我国"隔代教养"的伦理反思[D].株洲：湖南工业大学，2018.

进入"深度老龄化社会"。赋闲在家的"空巢老人"越来越多，他们有充足的闲余时间，由于没有精神寄托，内心感到孤独，老人们很容易将目光聚焦到孙辈身上。另外，老人健康水平显著提高，世界卫生组织（WHO）发布的《世界卫生统计2018》报告指出，全球人口平均预期寿命从2000年的66.5岁提高至2018年的72岁。健康且赋闲的老年人数量增加，为隔代教育创造了更多的可能。

（2）生育政策因素。中国自1971年以来实施了50年的计划生育政策，造成大量的独生子女群体，多数"独一代"在父母的精心呵护下长大，成年后建立家庭初为父母，在养儿育女上缺乏成熟的心理和必要的担当，对上一辈的依赖成为惯性。此外，生育率又不断降低，据世界银行数据显示，从1960年到2017年，全球总和生育率由4.979下降到2.432。据中国第七次人口普查数据显示，中国的生育率从2001年的1.338%、2019年的1.048%、2020年的1.3%，到2021年仅为7.52‰。每个家庭中的孩子数量减少，意味着孩子对家庭和社会而言变得更为珍贵。带着浓厚家庭伦理观念的祖辈，对孙辈愈加重视和爱惜，隔代教育往往成为他们主动的选择。

（3）经济发展因素。随着中国经济的快速发展与城市化建设的推进，各城市的发展步伐快，经济繁荣，就业机会多，发展空间大，环境优越，生活便利，教育资源丰富，户口政策放宽，人才引进制度实施，这些有利条件吸引着大批的人才来到城市寻求发展、扎根落户，以追求更好的生活；而农村，生活条件差，经济发展慢，就业空间小，驱使大量的农民及其子女涌向城市，寻找机会，改变生活，人口迁移的规模不断扩大，社会竞争愈发激烈。此外，在全球化背景下，就业环境和空间的拓展，工作时间和地点的多样性，使得人口除了在城乡之间，还在城市之间、国家之间流动，随之而来的是社会生活节奏越来越快，在职场打拼的年轻父母工作压力越来越大，不得不把工作放在首位，难以兼顾孩子的抚养和教育，而社会上的托幼机构，尤其是0~3岁的托儿所极为稀缺，幼儿园也是供不应求，保姆失职或虐待儿童的报道时有耳闻，这些都让隔代教育成为家庭的迫切需要。

3.隔代教育兴起的家庭原因

男女平等的政策,让女性获得了越来越多的受教育和就业的机会,女性可以通过努力工作获得社会地位,实现自身价值,她们不再满足于传统家庭主妇的角色定位,职业女性数量大幅上升,男主外女主内的传统家庭模式发生改变。现代社会的双职工家庭增多;离婚率上升、单亲家庭增多;因父母外出务工的留守家庭增多;二胎和多胎家庭增加;家庭经济压力大,无力承担保姆费;年轻父母对孩子安全过于焦虑,自己没时间照料孩子又不放心交给外人……各种家庭因素促使越来越多的祖辈参与隔代教育。国人普遍把两家人、两代人的合作分工、资源互补作为资源最大化的一个家庭策略。

图6.2是来自网络的一份调查数据,其显示——"隔代教养是迫于无奈之举"[①]。城市家庭尚且如此,更不用说农村那些年轻父母为寻求出路到城市谋生的家庭。

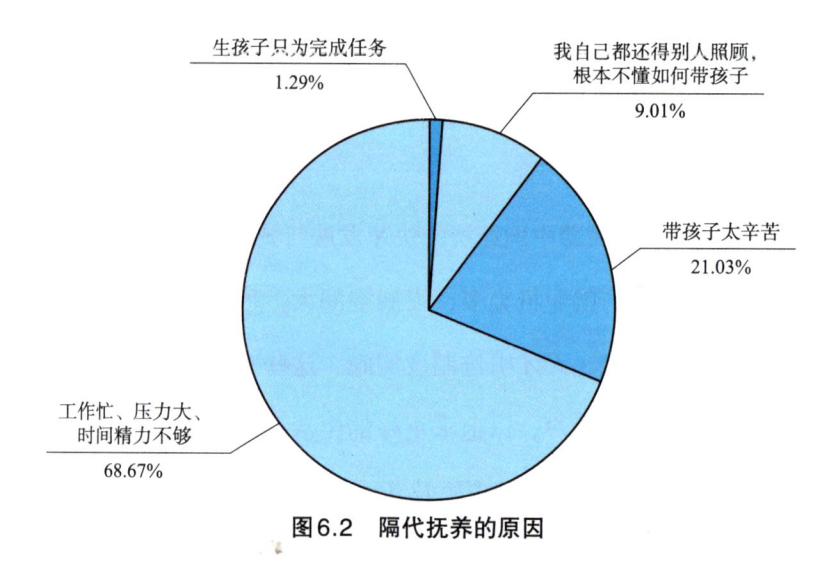

生孩子只为完成任务 1.29%
我自己都还得别人照顾,根本不懂如何带孩子 9.01%
带孩子太辛苦 21.03%
工作忙、压力大、时间精力不够 68.67%

图6.2 隔代抚养的原因

还有一些问题家庭,孩子父母由于患病、伤残、丧偶、分居、犯罪、心理失常等原因,无法照顾孩子,或者担心对孩子有不良影响,祖辈的隔代教育是这类家庭形势所迫之下的唯一选择。

---

① 腾讯评论:隔代抚养真的教坏子孙?[EB/OL]. 2015-05-13.教育新闻https://edu.qq.com/a/20150513/028432.htm.

4.隔代教育兴起的心理因素

和保持着传统家庭观念的祖辈不同，新生代父母有着新时代的特点。他们的自我意识比较强，追求个性发展、个人空间、二人世界，不再把"一切为了孩子"作为他们的育儿观念。年轻的父母大多为独生子女，在精心呵护和宠爱下长大，心理不够成熟，对祖辈依赖严重。社会上出现很多只生不养的"甩手父母"，把孩子当"玩具"的不成熟父母，于是大量祖辈夫妇"返巢"对孙辈进行隔代教育也成了大势所趋。而在祖辈思想中，传宗接代的家族使命，"儿孙满堂"的家族期望，形成了努力为儿女奉献的思维模式和心理特征，他们把抚养孙辈，为父辈发展事业提供条件，当作自己理所应当的责任。

也有不少祖辈把对孙辈的抚育和自己的养老相结合，潜意识或者有意识地把隔代教育的付出作为得到其子女回报并对其赡养的交换。

二、中国隔代教育的现状

1.隔代教育的普遍性高

只要留意身边的人群，就会发现祖孙相伴、隔代教育的场景随处可见；在教育论坛、网络文章、专题讨论中，隔代教育也是热度极高的话题。隔代教育的普遍性已经是众所周知的现状。

全国范围内一项关于中国"隔代教育"的调查结果显示：在北京，有70%左右的孩子接受着隔代教育；全国有近五成孩子接受着隔代教育。

《2015年家庭发展报告》指出，根据中国老龄中心2014年调查数据显示，在全国0~2岁儿童中，主要由祖辈照顾的比例高达60%~70%；其中，30%的儿童完全交由祖辈照顾。即便3岁以后儿童上幼儿园，由祖辈直接抚养的比例也有约40%。[1]

据中国教育学会家庭教育专业委员会2017年进行的《中国城市家庭教养中的

---

[1] 丁洋.国家卫生计生委发布《中国家庭发展报告2015》[J].中医药管理杂志，2015，23（11）：153.

祖辈参与问题调查报告》数据显示，有近八成的家庭，是祖辈参与教养的。其中幼儿园前占77.7%，幼儿园期间占72.9%，到小学阶段仍占60.1%，农村的祖辈教育更是高达90%以上[1]。

据中国老龄科研中心对全国城乡20 083位老人的调查数据显示，照看孙辈的老人占了66.17%，隔代抚养孙辈的女性老人在城乡更是分别高达71.95%和73.15%。

各种数据表明，隔代教育已经成为我国当代各阶层、各地区家庭普遍的儿童教养模式，其和亲子教育一起，是家庭教育中的重要组成部分，有些家庭隔代教育甚至取代了亲子教育。

2.隔代教育的满意度低

现实中，隔代教育多遭诟病，似乎总是和"问题"联系在一起，年轻父母们聚在一起，"吐槽"更是屡见不鲜，对祖辈们带孩子的各种"看不惯"是频次极高的话题。

现代社会的人们高度重视教育，对祖辈教养孩子的标准自然也提高到了前所未有的高度。大众媒体数据表明，近八成孩子由祖辈带大，逾八成父母对隔代教育不满意。天津市青少年心理学研究中心曾开展过"独二代"教养现状调查，结果显示：有将近八成的孩子是由祖辈带大的；虽然祖辈为忙碌的父母解决了后顾之忧，但有83%的父母对隔代教育存在不满，认为其存在弊端。71%的父母表示，孩子被隔代抚养，和自己不亲，父母在孩子心目中的位置被挤走；64%的父母表示，自己在孩子心目中没有什么威信，孩子对自己的话置之不理；58%的父母表示，被"隔代"带大的孩子有任性、推卸责任、随意撒谎、骄横跋扈和自理能力差的毛病。[2]此外，祖辈的"过时老一套"，祖辈的"没文化"，祖辈的"标准低"，祖辈的"溺爱"，祖辈的"固执"，一系列"吐槽"都体现出年轻父母对祖辈教养

---

[1] 朱永新.第十九届海峡两岸家庭教育学术研讨会的演讲［N］.中国网教育频道，2018-09-25.
[2] 吴迪.隔代教养难坏年轻爸妈［N］.天津日报，2016-09-10.

孩子的不满。而祖辈老人们，则表示"两头不讨好"，一头是孙辈的教育成果不讨好，一头是在子女那里不讨好。年轻父母们对祖辈的抱怨，让祖辈感觉自己的付出无法得到认可，也相应产生对生活现状和对子女的不满意。

　　隔代教育中，祖辈虽然爱子孙，隔代亲，但不少祖辈确实受限于自身成长环境形成的文化素质、思想观念、行为习惯和过往经验，多数难以实现对孙辈长期、有效且全面的培养。有的祖辈只侧重于孙辈的生活照顾，而智力教育和品行教育方面则力不从心，从而造成"重养轻教""养而不教"的情况。有的祖辈越俎代庖、溺爱骄纵，有的祖辈忽视放任，有的祖辈严厉刻板，又造成了"教而失当"的局面。另外，祖辈和父辈在家庭教育上主次不清，父母角色缺位，被替代、边缘化，造成亲子关系疏远。造成隔代教育中"老的"管不好，"年轻的"管不了，"小的"耽误了的结果。[1]

　　诸多家庭的隔代教育陷入年轻父母看不惯、不如意却又离不开的尴尬境地。不满、无奈、不得已是不少年轻父母的切身感受。而压力大、委屈多、受累不讨好又是祖辈们的心声。由于两代人观念的分歧，很容易引发家庭矛盾，以至于部分孩子在父母和祖辈各执己见、争执不断的家庭教育环境中无所适从，身处夹缝生存的两难境地[2]。

　　了解当前社会隔代教育的现状，理解家庭教育的主要承担者——祖辈和父母两代人对隔代教育的不同感受和诉求，为明确家庭教育指导工作的方向提供了思路。

第三节　隔代教育产生的影响

　　学界对隔代教育褒贬不一，许多讨论的焦点都集中于隔代教育的弊端，隔代

---

[1]　周德尧.隔代家庭教育的新特点、新趋势——本地区城乡隔代教育现状之研究［J］.中小学教育，2020，393.
[2]　陈若葵.隔代养育如何让三代人共赢［N］.中国妇女报，2021-08-03.

教育的地位与作用不断受到质疑，很多人认为隔代教育弊大于利，甚至有人认为应当回避隔代教育。但也有学者认为，隔代教育模式的存在有其现实的合理性和必然性，是一种让年轻父母放心、安心、宽心的可靠家庭抚养模式，是家庭资源优化组合以应对家庭育儿压力的理性反应。[1]他们认为隔代教育利大于弊，且利弊共存。综合学者们的研究，家长们的反馈，从不同的角度正确认识隔代教育的利弊，是家庭教育指导工作的基础。

一、隔代教育的弊端

1. 对个人的不利影响

对于孩子父母来说，隔代教育基于祖辈的可靠性和便利性，容易让父母，尤其是"独一代"年轻父母，对祖辈产生习惯性依赖，甚至其在有时间、有条件的情况下，依然缺乏家庭责任意识，缺少对孩子教育责任的担当，不仅容易造成亲子隔阂，自己还失去了通过养育儿女获得自我成长的机会。如果说经济上的"啃老"已经比较容易识别，那么这种教育责任的转嫁、家事上的甩手，被网友形容为隐形的"啃老"，这一现状很难引起人们的普遍关注，甚至连"被啃"的祖辈都未必能意识到。这样的父母容易成为事实上的"巨婴"，对家庭无法真正担当，对孩子也是不良示范。

对于祖辈来说，每况愈下的健康状况，要面对日益成长、精力充沛的孙辈，确实是一个体力的挑战，喂养、接送、陪伴，这都意味着祖辈承担着繁重的家务劳动。如果家庭经济状况不佳，祖辈还可能面对资助子女带来的经济压力。有的祖父母为了照顾孙辈，提前退休或者减少社交娱乐，脱离社会、疏远同伴，容易产生不利的心理影响。被孤独感与牺牲感缠绕的祖辈还容易表现出负面的情绪和行为。

隔代教育既然是一种教育形式，其对孩子的影响必然是大众的焦点，也是众

---

[1] 穆光宗.让隔代抚养回归慈孝之道［J］.人民论坛，2017（34）：63—65.

多研究者质疑的关键。很多调查研究显示隔代教育对孩子有不良影响。学者们从亲子依恋、儿童发展、儿童心理、儿童行为等方面进行调研,认为儿童的很多问题,例如生活和学习能力欠缺、性格孤傲任性、创造力不足、网络成瘾、不良行为等,都和隔代教育的关系比较大。祖辈与父辈不一致的养育观念,会让孩子感到无所适从,可能造成孩子双重人格或者分裂型人格。

2.对家庭的不利影响

对于家庭来说,祖辈与父辈文化、认知、行为和习惯等方面的差异,容易引发教育冲突,甚至上升为家庭成员之间的冲突,酿成家庭危机,破坏家庭和谐。另外,有学者对出现的家庭代际关系重心下移的现象表示担忧,代际之间的付出和回报并不平等,往往是祖辈付出的较多,父辈的回报较少[①],代际关系向下倾斜,孩子日益成为家庭的重心,不仅使中国传统家庭中的养老功能受到冲击,也不利于年轻父母的社会化,更不利于孩子的健康成长。

3.对社会的不利影响

从社会层面来说,因隔代教育问题引发代际冲突造成的家庭破裂,或者教育失当导致的孩子不良行为,隔代教育定位不清,代际关系重心下移引起的养老问题,都是社会的不和谐因素,都会成为社会问题,对社会带来负面影响。

二、隔代教育的价值

不可否认,隔代教育确实存在很多弊端,需要重视和找到完善的方法。但一分为二地看,隔代教育也有不少正向价值。上海市教育科学研究院曾对13 672户中小学和幼儿家庭进行调查发现,祖辈教养家庭的孩子学习勤奋、不怕困难、竞争性强,他们的道德品质、心理素质和发展总体平均分均高于以父母为主要教养人家庭的孩子。南京师范大学教育科学学院副教授、江苏省家庭教育研究会理事

---

① 刘桂莉.眼泪为什么往下流?——转型期家庭代际关系倾斜问题探析[J].南昌大学学报(人文社会科学版),2005(6):1—8.

殷飞认为：老人带孩子在某种程度上符合幼儿身心发展的阶段；祖辈家长具有抚养和教育孩子的实践经验，能够妥善处理各类问题；且祖辈家长不像父母对孩子那样"急功近利"，有利于为孩子提供愉快、宽松的成长环境。事实上，国外也有不少研究发现了隔代的诸多好处。美国哈佛大学和英国伦敦教育学院的研究人员在对1 500多名孩子调查后发现，祖父母更善于帮助孩子解决生活中遇到的问题，比如探讨未来、如何在危机中保持良好心态。其中，身体健康、家庭条件较好的祖父母所起的作用更大。美国约翰·霍普金斯大学布隆伯格公共卫生学院的研究人员发现，将孩子交给祖父母照看，与母亲亲自看护以及交给托儿所相比，孩子受伤的危险能减少一半。美国艾奥瓦州立大学的研究发现，祖辈带孩子，能够让老人、孩子都更加健康[1]。下面我们从不同角度了解隔代教育的价值。

1.隔代教育对个人的价值

对父辈而言，祖辈养育过子女的经验让初为父母的他们如释重负。养育教育孩子需要时间和精力，祖辈"隔代教育"的填补可以帮助父辈缓解家庭事业间的冲突，解除后顾之忧，专心发展事业，提升自身能力，实现个人目标和个人价值。

对祖辈而言，子孙绕膝、享受天伦之乐是人生晚年的幸福体现，抚养孙辈是情感的互动和滋养。祖辈不仅生活更加充实，弥补了工作退休以及儿女不能陪伴的心灵空虚，而且可以发挥余热，实现自我价值。大家庭关系的拉近，有助于提升祖辈的幸福感和心理健康。祖辈与孙辈一起生活有利于培养良好的祖孙关系，提高老人对新生事物及新观念的接受度，缩小代际间的差异[2]。

对孙辈来说，祖辈的育儿经验带来周到细致的照顾，祖辈充裕的时间带来足够的陪伴，祖辈对孙辈的亲情和耐心带来了充足的爱。另外，祖辈受传统文化影响较大，孙辈不仅可以从祖辈那里学习传统文化，还可以学习他们勤奋、节俭、朴素、谦虚的品质。大家庭生活让孙辈体验到更丰富的家庭关系，学习和家人的

---

[1] 腾讯评论："隔代抚养"真的教坏子孙？[EB/OL]. 2015-05-13.教育新闻/https：//edu.qq.com/a/20150513/028432.htm.
[2] 黄姗，陈小萍.隔代教育研究综述[J].现代教育科学，2007（4）：63—65.

相处之道，对其社会性发展有一定作用。对于那些父母缺位造成的"隔代儿童"，祖辈的隔代教育可以在一定程度上弥补孩子内心的亲情需求。

2. 隔代教育对家庭的价值

孩子降生后，祖辈通过参与孩子的教养，既成为父母和孩子的桥梁，一方面冲减孩子的情感缺失，消除孩子对父母"失陪"的疑虑，另一方面能及时让父母了解孩子的情况；也实现了祖辈和子女的代际链接，拉近了双方的距离，增进了两代人的了解，让祖辈、父母、孩子三者关系和谐发展。

祖辈隔代教育还节约了上幼托或者请保姆的不菲费用，帮助家庭减轻经济负担。父母因为孩子有祖辈照顾可以解放时间更多地外出工作，增加家庭财富，提高家庭的生活质量，两代人合作分工、资源互补，实现家庭资源最大化。对于大量的农村留守儿童，祖辈的隔代教育甚至取代了亲子教育成为影响儿童权重最大的家庭因素。

3. 隔代教育对社会的价值

首先，在社会老龄化不可逆转的背景下，实现"积极老龄化"是必要的应对之道。积极老龄化要求大力开发老年人力资源，探索"老有所为"的新形式，这已成为社会共识[1]。不论是城市还是农村的老年人，发挥隔代教育的价值，都有着非常现实的意义和可行性。其次，人口老龄化带来社会劳动力人口供给不足，祖辈的付出，替父母承担了照顾孙辈的工作，这对增加社会劳动力，提高中青年一代的经济生产力，推动国家建设、社会经济发展有着不可忽视的贡献。最后，在当代中国，家庭仍然是老年人养老的一个重要依托，养老送终也是传统家庭伦理中的应有之义。这种"父慈子孝"的反馈模式，即父母为子女付出而子女赡养、照护老人，形成双向的情感和物质反馈[2]。良好的隔代教育，和谐的隔代家庭，对

---

[1] 聂淑红，侯瑞琳. 老龄化社会视域下隔代教育的发展困境与对策[J]. 广州广播电视大学学报，2015，15（5）：30—34、108.

[2] 唐凯麟，王燕. 当代婚姻家庭矛盾及其对策的实证研究[J]. 伦理学研究，2019（6）：130—138.

实现祖辈抚育式养老的愿景，是积极的推动，为社会的养老问题提供了一种解决途径。

第四节　完善隔代教育的启示

一、完善隔代教育的重要性

当今的现实是，我国城乡家庭离婚率偏高，农民工有增无减，农村留守老人、留守儿童只多不少，国家进入老龄化，社会进入信息化，家庭步入多元化，隔代教育作为近年来经济高速发展凸显的一种社会现象，正在对众多家庭产生不可忽视的影响。既然隔代教育无法避免，想办法对其进一步改善自然是必不可少的。中国科学院心理研究所所长王极盛指出，现在还不到讨论要不要隔代抚养的问题，而是要想办法搞好隔代抚养[①]。

毋庸置疑，隔代教育有着特殊的重要地位，已成为我国家庭教育中重要的教育模式，这种教育模式的成败在某种程度上直接关系着中国未来的人口质量。"少年强则国强"，孩子是国家的未来，完善隔代教育模式，提升隔代教育的质量，让中国家庭的孩子获得全面的成长和发展，对国家对社会都有着非凡的意义。

不仅如此，隔代教育模式的成败也直接关系着中国未来的人口数量。大量的调查和研究都表明，隔代教育越来越成为影响女性生育意愿、家庭生育决策乃至中国生育率的重要因素。针对生育率持续走低的问题，国家推出全面"二孩"政策，但实施以来远没有达到预期成效，进而推出了"三孩"新政，然而许多年轻家庭并没有生育多孩的打算，养育孩子成本高是其中一个原因，但更多的还是与生育后没有人帮忙带孩子有着直接的关系。

---

① 王极盛.做合格的祖父母［J］.时尚育儿，2014（1）：107.

家庭中的祖辈，通过发挥隔代教育的积极作用，实现个人价值，为社会呈现积极老龄化的效果，实现养老育儿双重功能，老有所为，老有所养，提高自身成长，减轻社会负担。

家庭中的父母辈，良性的隔代教育解除了其家庭和育儿的后顾之忧，使其可以在工作中更出色地发挥个人能力和价值，为经济发展贡献力量。

个人是家庭的细胞，家庭是社会的单位，只有在家国天下的格局中，我们才能理解完善隔代教育的重大价值。

提高隔代教育的质量，是当今隔代教育亟须解决的问题。王极盛指出，要加强它与亲子教育的协调性、相容性，在家庭教育中使二者相互促进，发挥二者最大的作用。中国民主促进会中央委员会副主席、中国教育学会副会长朱永新在第十九届海峡两岸家庭教育学术研讨会的演讲中也指出，家庭教育，其本质上是所有家庭成员共同面对和接受的教育，即成为"家庭教育共同体"。

隔代教育是家庭的事情，家庭成员应当提高对改善隔代教育的重视，并做出积极努力。隔代教育也是社会的事，不能局限于家庭场域。完善隔代教育需要结合社会多方面资源，以家校联合、社区帮扶、老幼课程、家庭教育指导等多种方式，推动家庭成员共同学习和互动，提高家庭隔代教育的科学性、协调性。

家庭教育指导师需要全面和深入地认识隔代教育，了解隔代教育因家庭和主要教养人的差异，例如不同的家庭结构、家庭氛围、教养人特点、教育方式，导致的不同利弊结果，提升诊断能力，指导能力、针对不同家庭提供适合的家庭教育指导。完善家庭隔代教育，可促进家庭团结，让父母安心工作，孩子健康成长，老人体现价值，彼此配合默契，各得其所，成为关系共融、成果共享的和谐家庭。

二、隔代教育的国外借鉴

有不少人认为隔代教育是中国社会特有的现象，其实不然。根据《欧洲健康、老龄化和退休调查》的数据，2004年欧洲大陆有58%的祖母和49%的祖父参与照料15岁以下的青少年儿童。据澳大利亚2006年的一项调查数据显示，约有60%的受访祖辈表示他们参与照料孙辈。即便在美国，根据1992—1994年两项大型全国性调查数据发现，47%的美国祖辈参与儿童照料，这个比例比20世纪90年代以前有大幅度提升。过去十年全球范围内的祖辈在抚养教育孙辈方面发挥着越来越大的作用。[1]

但是西方社会的家庭伦理和教育原则与中国有很大不同，他们的理论是，子女的抚养和教育，是父母不可推卸、不可替代的责任与义务，当子女长大成人，父母的责任就已经完成了。而孙辈的成长教育则是子女应当承担的责任，祖辈即便偶尔帮忙，也不会视为自己的义务。

例如，英国的祖父母关于隔代教育的普遍观点是"做顾问不做保姆"，主张父母自己带孩子[2]。他们认为，老人不是保姆，他们应享受晚年的快乐；老人的教育观不一定符合现代的年轻人；世间没有任何东西能替代母爱和父爱，孩子应该更多时间与自己的父母在一起；当孩子降临，年轻父母因为缺乏养育孩子的知识和经验需要帮助时，老人可以做他们的育儿顾问，给予建议和指导；爱孙辈不需要住在一起，经常看望，带孙辈外出活动，关注孙辈的成长和学业，节假日送礼物等，都是他们表达爱的方式；不和孙辈住在一起，少了依赖，还有利于培养孩子的独立性。他们的教育观显示出祖辈和父辈的责任界限非常清晰，角色定位非常准确，教育的主体明确，有利于家庭教育的一致性和连贯性，值得借鉴。

国外有许多成功的隔代教育案例：英国哲学家罗素由于父母早逝，3岁便开始由祖父母抚养。祖父给他人生指导，祖母为他制定严格的学习计划和作息时间表，并鼓励他博览群书。祖父母的良好教育，使罗素有着大胆质疑和勇敢探索的精神，最终成为举世闻名的大学者。美国总统小布什也接受过祖母严格而良好的教育。

---

[1] 徐晓慧.对当前我国"隔代教养"的伦理反思[D].株洲：湖南工业大学，2018.
[2] 英国祖父母的隔代教育观——做参谋不做保姆[J].家庭科技，2012（10）：14.

奥巴马10岁之后由外祖父母抚养长大，颠沛流离的童年并没有影响他成长为后来的民选总统。

三、中国隔代教育的典范

在中国历史的长河中，或现代社会中，都不乏隔代教育的典型成功案例。

我国清朝的皇家教育中，康熙8岁时父亲去世，祖母孝庄承担起了对康熙的教育任务。虽然孝庄对康熙非常疼爱，但在教育上十分严格，从不纵容。康熙回忆说，自己从小受祖母训导，饮食、起居、言语都有规矩，即使平日里独自一人，也被教育不可随便越规。在康熙登基初始的政局中，孝庄以卓越不凡的眼光和决策，帮助康熙平衡关系，稳定政局。孝庄传承下来的思想精髓，加上康熙的励精图治，使得清朝的实力在康熙时期达到了顶峰，这也是历史上"康乾盛世"的起源。老年康熙对于少年乾隆的教育，也是典型的隔代教育，大到治国理念、小到练字练剑，老年康熙通过这种教育模式，将康熙盛世的精髓延续到乾隆盛世之中。乾隆也曾多次在诗作中提到祖父康熙对自己的积极影响[1]。

辛弃疾，孔子的孙子子思，都深受祖父教育的影响，最终成为历史上影响力非凡的人。著名主持人倪萍年幼时跟着姥姥生活，虽然姥姥不识字，但是她比很多有文化的人活得更明白。倪萍深受姥姥的影响，称姥姥是她人生中的礼物。倪萍在姥姥去世后写出的长篇作品《姥姥语录》，获得第五届冰心散文奖。这本书让大家认识到一个善良、平凡、智慧、可爱的老太太。白岩松说，书中的"姥姥"不光是倪萍的姥姥，她是中国姥姥，在某种程度上，中国的文化能够传承下来就是靠爷爷、奶奶、姥姥、姥爷讲的故事一路听读下来的，"姥姥"可以说是中国文化传承人的标志[2]。

在我们身边，特别是一些高知家庭，也有不少隔代教育成功的范例。可以看

---

[1] 徐晓慧.对当前我国"隔代教养"的伦理反思[D].株洲：湖南工业大学，2018.
[2] 倪萍的感悟：姥姥的话像萝卜白菜，下到锅里就养命[N].北京青年报，2017-04-07.

出，老人勤俭节约、吃苦耐劳、宽容豁达、与人为善的品质和人生态度，他们的手艺才情特长，对传统文化的喜爱和受持，对历史和经历的见解等，都会在日常生活中潜移默化地传承给孩子[①]。

社会上曾经流传着这样的论调：隔代教育是误人子弟的一种教育方式。隔代教育似乎成了教育孩子失败的借口，也成了对问题少年诟病的理由。然而，我们的认识不应该局限于隔代教育的弊端，还应该认识到它存在的价值。事实上，问题的关键不在于隔代的表象模式，而在于教育的人和教育的方法。家庭教育质量的好坏与隔代教育的存在与否没有直接的因果关系。

家庭教育指导师分析和了解隔代教育问题不是为了评判好坏，而是为了深入思考，找出症结，学习成功案例，优化完善方法，尽量降低其负面影响，扬长避短，取长补短，趋利避害，让这个正在影响着众多家庭的因素成为家庭和谐共生、儿童健康成长的有效助力。

---

① 陈若葵.隔代养育：如何让三代人共赢[N].中国妇女报，2021-08-03.

第七章
家庭性教育

第一节 家庭性教育概述

一、家庭性教育的概念及要求

家庭性教育是指在家庭生活中，主要由父母发起的针对孩子生理及心理发展特点进行的性教育活动。包括向孩子讲解与性有关的知识；回答孩子提出的与性有关的问题；培养孩子就性话题沟通、协商、寻求帮助的技能，并作出对自己和他人负责任的决定的能力；表明自己对性的积极美好的态度；传递尊重、平等、自由、民主、多元、包容、不歧视等价值观；创设家庭性话题沟通的良好氛围。[1]

2019年修订的《全国家庭教育指导大纲》中明确提出要对儿童开展适时、适度的性教育[2]。2021年9月，国务院印发的《中国儿童发展纲要（2021—2030）》也第一次提及性教育，在该纲要中的目标第12项中提到："适龄儿童普遍接受性教育，儿童性健康服务可及性明显提高。"在策略措施第14项中又提到："为儿童提供性教育和性健康服务。引导儿童树立正确的性别观念和道德观念，正确认识两性关系。将性教育纳入基础教育体系和质量监测体系，增强教育效果。引导父母或其他监护人根据儿童年龄阶段和发展特点开展性教育，加强防范性侵害教育，提高儿童自我保护意识和能力。"

---

[1] 刘文利.家庭性教育［M］//孙晓梅.家庭教育专业指导简明教程［M］.北京：海洋出版社，2019：227—240.
[2] 全国妇联、教育部、中央文明办.全国家庭教育指导大纲（修订）［Z］.2019-05-14.

该纲要的内容与新修订的《中华人民共和国未成年人保护法》相关度很高，对于儿童性健康教育进行了明确的目标设定，通过策略措施对内容和形式进行了详细的指导。对于家庭教育指导师来说，指出了性教育工作方向，即性教育是全人格教育，不仅仅是指生理卫生知识、防范性侵害，更是包含了生命成长的方方面面，如性别平等、珍爱生命、自我保护、个人成长、家庭生活和同伴关系等。

二、开展家庭性教育的基本方法

香港家庭计划指导会（The Family Planning Association of HongKong）是香港负责推广计划生育的志愿机构，是国际计划生育联合会8个创会会员之一。香港家庭计划指导会提倡"性教育由家庭开始"，认为父母与子女的接触机会比任何人都多，自然负起了协助子女健康成长的责任。要协助子女在"性"中健康地成长并开展家庭性教育，父母可从态度、方法、知识三个方面做准备[①]。

1.确立性态度

父母个人的性态度会直接影响子女对性的看法。父母宜采取开明的态度，接纳孩子的性好奇和需要，坦诚地与子女沟通，鼓励孩子倾诉性的疑惑和澄清疑虑。

研究发现，开放的、包容的父母和孩子有更亲密的关系，亲子之间性话题的交流也更自然。父母对性教育持有更加开放的态度，有利于父母掌握更多性健康的知识和获得更多的性教育资源，促进与孩子的沟通。父母和孩子讨论与性有关的话题，这一方面起到教育的作用，另一方面也传递了性是可以交流的态度，弱化了性的羞耻感。[②]

人们往往认为和孩子谈论性话题更多是母亲的责任，其实，父亲在孩子性教育中的作用同样不可小觑。父亲的经历、经验和态度有时与母亲不同，可以给孩子提供不同的看问题的视角。父亲和母亲对儿童的认知发展和社会化都具有不可

---

① 家庭性教育.香港家庭计划指导会［EB/OL］.［2020—08—22］.https：//www.famplan.org.hk/zh/our-services/sexuality-education/family-sexuality-education.
② 芦鸣祺，刘文利.家庭性教育是预防儿童性侵害的重要防线［J］.江苏教育，2018，1235（96）：46—48.

忽视的重要作用。[①]

2. 掌握施教方法

有研究发现，那些成长于对性持开放态度家庭（如父母能够理解孩子的性问题并帮助孩子处理性问题）的孩子，与那些成长于对性采取回避态度家庭（如父母对孩子的性问题不予回答，不在性方面对孩子加以引导）的孩子相比，前者显示出对性问题持有更加健康和负责任的态度。不仅如此，家庭性教育的开展能够有效促进孩子健康人格的形成，包括建立正确的人生观、生命观、感情观和价值观。

父母对于儿童价值观的树立、个性的形成等具有重要的引导作用。家庭不只是柴米油盐、吃饭睡觉的地方，而是每天都会带给孩子各种感受、体验和经历的地方。孩子会在家庭生活中看到自己的爸爸妈妈如何相亲相爱、如何表达爱、如何共同承担家庭责任和社会责任、如何分享家庭快乐和共同承担家庭忧愁。可以说，父母在家庭中的种种表现就是在进行孩子性教育的参与式教学。家庭生活就是父母对孩子进行性教育的方式之一。父母不妨留意身边发生的事，把握时机，引导孩子思考和主动发问，有助于训练子女的观察和分析能力，建立正面的性价值观。

3. 充实性知识

假如父母对性一知半解，将难以启齿和子女谈性。父母宜主动探求正确性知识，澄清个人对性的迷思和偏见，有助于消除子女对性的疑惑与误解。

有研究表明，提升亲子在性方面交流的最有效方法之一是在性教育中给学生布置家庭作业，请他们与父母或其他信任的成年人讨论一些特定的性话题。参与式教学不仅仅局限于教师和学生，更可以包括父母和孩子。父母与孩子在家庭性教育的过程中，同样可以采用参与式的方法。这些方法包括讨论法、游戏活动法、案例分析法、角色扮演法、故事法等，父母可以通过请孩子对特定情境中人物行为作出判断和说明，引发孩子思考。

[①] 芦鸣祺,刘文利.家庭性教育是预防儿童性侵害的重要防线［J］.江苏教育,2018,1235（96）：46—48.

第二节　我国家庭性教育发展历史及现状

在人类的历史中,"性"一直是一个永恒的话题,不同的文化对其都相当重视,只不过态度不同而已,如有些信奉"生殖文化",有些"闭口不谈"。我们每个人都会接触到有关"性"的话题,但是在我国,父母们对于"性"的问题可以说是讳莫如深,虽然与之相关的"结婚生子"很重要,但是更深层次的事情父母们常常"唯恐避之不及",更别提在家庭中对子女进行"性教育"。纵观中国性教育的历程,可见传统文化影响的"根"源远流长,底蕴深厚[①]。另一方面,中国的性教育所面临的困惑从古至今一直存在,虽然在不同阶段不同社会背景下呈现出不同的具体问题,但是性教育的正确性、全面性已是明确的方向。

一、古代家庭性教育

中华文明历史悠久,性教育虽渊源颇深,但是传统社会中的"性"仅停留在医学角度,缺少心理和社会层面的内容。我国自汉朝建立了孔孟儒学的正统地位,一直到宋程朱理学再至20世纪初,大致经历了一个由松到紧、由肯定人的性到"存天理、灭人性"的复杂过程[②]。

中华人民共和国成立前的中国人的受教育程度偏低,可供阅读的性学书籍很少,性教育的形式比较隐晦、含蓄和私密。大家熟悉的《西厢记》《金瓶梅》等经典戏剧是文学戏剧的代表,民间"为母授女,女为母再授女,代代相传",出嫁时的"压箱底"和"嫁妆画"等是性教育的"形象教具"。

二、近代家庭性教育

近代以来,受西方文化的影响,有识之士开始对传统价值观念进行反思,呼

---

① 潘绥铭,王爱丽,劳曼.当代中国人的性行为与性关系[M].北京:社会科学文献出版社,2004.
② 李丙龙.中外大学生性教育概述及启示[J].中国性科学,2010,19(10):31-33、38.

吁"急谋性教育的重要性",在思想文化界掀起了我国历史上第一次令人瞩目的"性教育"思潮。如康有为在1895年公开主张引进西方的性爱观,认为"人生而有欲,天之性也"[1],并针对妇女的压迫,大力提倡男女平等,妇女解放。稍后谭嗣同在他的著名作品《仁学》里就论述性欲如何应该公开以及如何公开[2]。但20世纪初我国家庭性教育并不乐观,这主要是因为封建思想,尤其是在宋清两朝,将性视为淫欲,禁锢了人们的思想,人们有了深深的性禁忌心态,视"性"为卑鄙污秽之事,当儿童与青年向父母询问时,大多会受到呵斥和诓骗,所以也就无从谈起家庭性教育了[3]。

三、现代家庭性教育

1. 中华人民共和国成立初期

中华人民共和国成立初期,国家大力推行男女平等。制定出许多法律和政策,来保障女性在社会生活的各个方面,享有与男性同样的权利和地位。文化领域"百花齐放和百家争鸣"的大环境,使得性教育方面的作品开始出版,如《性与婚姻》《性教育与性卫生》等。这些性教育类出版物的陆续出版给长期禁锢的中国性教育带来了可以普及和有书可看的起步[4]。与性教育相关的宣传教育,报纸书刊大力发行。

2. 整风运动加上"文化大革命":禁锢期

在整风运动和"文化大革命"期间,我国国情是以革命压倒一切,一切为政治革命斗争服务,性上升到政治高度甚至与流氓画等号,谈性是"反革命"言论。在这种特殊的社会环境和文化背景下,"性"被打入地下,"性教育"也失去了公开讨论的空间,性教育的作品和传播普及性知识的刊物禁止出版。性教育在中

---

[1] 康有为.大同书[M].北京:中国画报出版社,2010.
[2] 朱梅.20世纪初中国的性教育[J].南京大学学报(哲学·人文科学·社会科学)(1):149—154.
[3] 吕欣欣.论当代中国青少年性教育[D].海口:海南师范大学,2007.
[4] 王志强.蝶变:新中国性教育历程纵览[J].中国高等教育研究,2011(50):127.

国完全被禁止，人们又重新回到对"性"的缄默状态：性教育回到了解放前的谈"性"色变的状态。

3. 性教育萌芽期（"文化大革命"结束至改革开放初期）

改革开放使中国的政治、经济、文化发生了巨大的变化，为性教育的发展创造了良好的社会环境，再加上20世纪80年代"计划生育"的国策背景，生殖与避孕的关系如何处理，使得性教育迫在眉睫。医学专家们在《健康报》《父母必读》等报刊上发表文章，对开展性教育起到了巨大的作用。《青春期卫生》《我们的身体》《新婚性卫生》等一批性教育相关书籍陆续出版，关于性学的调查报告《中国当代性文化》产生以及1994年举行"全国性教育健康展览会"和中国性学会成立等，性教育开始逐步破茧而出。《性医学》的出版促进了性教育的开展，开拓了性学与性教育的道路。《性知识手册》的出版为性教育提供了现代性科学知识基础。性的自然属性开始萌芽，与社会属性的对立减弱，性教育开始起步。性教育观念逐渐开放，教育形式多样化使性教育从道德礼教论转向回归与革新[①]。性教育虽然还多停留在医学、生理的层面上，但是"性"从"禁区"里走出来了。

4. 性教育的发展期（改革开放20年）

改革开放20年，对中国社会的政治、经济、文化等各方面的冲击力极大，特别是性病和艾滋病等的感染率快速增长促进了性教育进入发展期。《开展青春期性知识和性道德教育刻不容缓》的文章发表，性道德教育被提上了议事日程。重视青少年性教育，防止性病和艾滋病等的感染的宣传铺天盖地，学校开设健康教育课程，并明确性教育的三个重要方面，即性生理、性心理和性道德。《青春期教育》教材的出版使中国的性教育有了自己的教科书。国家教委和原卫生部于1990年共同颁布了《学校卫生工作条例》，国家制定颁布了《中华人民共和国艾滋病预防

---

① 江晓原.性张力下的中国人[M].上海：华东师范大学出版社，2011.

和控制中期规划》，其指出，青年人是人口中性活跃的人群，需要进行特别教育；《中华人民共和国人口与计划生育法》结合中国国情提出，要进行人口、国情与青春期教育[①]。性教育主题与国情密切相关，预防性病，控制人口，教育多是以科学与医学为主导。

5. 21世纪：性教育的考验期

21世纪，中国面临着国内政治经济文化的国内快速和急剧变化以及全球化洪流的冲击，进入了大调整和大转折、大变化和大发展的时期。有关性的信息来源广泛，多媒体和网络以及性用品商店等使人们获取关于性信息的渠道方便快捷，但是杂乱并存。在传统观念和现代信息冲撞的特殊背景下，人们的道德观和价值观在改变，"纯自然""娱乐至死"的性认知偏差带来的性泛滥，导致性病传染和性犯罪等现象增加，性教育缺乏带来的社会现象日渐凸显。据有关调查报告显示，性传播目前已占中国艾滋病新感染案例原因的87.1%。意外怀孕现象亦非常普遍。据原国家卫计委2013年公布的数据，中国每年堕胎人次达到令人震惊的1 300万，其中有少女竟堕胎过13次。性教育正面临着巨大的考验。

21世纪性教育，旧的道德观、价值观等受到冲击，新的尚未建立。新旧交错的复杂变化带给人们的困惑，加上性教育的缺乏带来的社会问题日渐凸显，社会各界呼吁性教育的重要性。家庭性教育的作用也越来越为人们所重视，许多教育家倡导家庭应该承担起对儿童进行性启蒙教育的责任，对儿童进行青春期发育和性相关知识的教育。北京师范大学教授刘文利的一项关于我国父母对于青少年家庭性教育的认知、态度和实践的研究表明，当前我国大多数父母不仅掌握了一定的性科学知识，也包括性生殖发展、性保健和艾滋病等方面的知识，而且对在家庭和学校开展性教育持开放和积极态度。但是现实中只有少数父母表示他们曾对

---

① 陈旻.我国性教育现状分析与思考［J］.威海：山东大学（威海）翻译学院，2014（3）：148.

孩子进行性教育，家庭并非儿童获取性教育知识的主要来源[①]。

四、中国性教育的现状分析

下面从性与生理、心理、个人、家庭、学校和社会六个方面分析中国性教育的现状。

1.生理：对自己的身体了解多少

目前我们看到的书籍资料及学校开展的性教育大多是在生理层面。《青春期健康教育》《青春期卫生》《我们的身体》等大多是由医学专家撰写，其专业知识偏理论性，可操作性却不足。例如，女孩来月经和男孩遗精，乳房发育的过程和生殖器官的发育过程等这些最基本生理常识。性教育理论（《青春期健康教育》）：月经第一次来潮称月经初潮，规律月经出现是生殖功能成熟的重要标志；通过男女的性生活，精子和卵子在女性输卵管相遇受精而结合成受精卵。请问：你懂了吗？女孩来月经和男孩遗精可以帮助他们去正确面对和解决吗？所以青少年在身体的快速发育期出现早恋、少女怀孕成为社会现象：假期就是"孕期"，"五一""十一"和寒暑假过后，医院门诊都会出现人流"小高峰"。在对这些怀孕少女进行诊治的过程中，询问其对性行为和怀孕的相关知识，大都是避而不谈。

在涉及儿童的性犯罪中也一样：很多被性侵儿童根本不了解性，也不知道自己的身体受到了什么样的伤害。那么，帮助他们的第一步就是让他们了解自己的身体。《"女童保护"2019年性侵儿童案例统计及儿童防性侵教育调查报告》（以下简称《报告》）发布：2019年曝光的性侵儿童案例中，熟人作案超七成，家庭成员性侵问题复杂；性侵者多次作案比例过半；网络性侵形势严峻……

2.心理：谈到性好奇伴随羞耻感，是心病还是身病

（1）关于性心理的专业书籍更少，人的生理功能与心理素质是密切相关的，可

[①] Chen J, Dunne MP, Han P. Prevention of child sexual abuse in China: knowledge, attitudes, and communication practices of parents of elementary school children. Child Abuse Negl［J］. 2007 Jul；31（7）：747-755.

以把两者的关系讲明白，但让读者看明白实属不易。生理层面的理解还不完善，心理层面的更难。最常见的：青春期的女孩子身体发育了会害羞，男孩遗精了会有羞耻感。性教育理论：树立正确的人生观与价值观，正确认识自己的身体和心理，避免性羞耻和性邪恶感。读完问题解决了吗？异性之间的交往，感觉身体和心理都有变化，却不明白为什么。例如，喜欢对方身体会有反应，兴奋激动又焦虑，夜不成寐；抑制不住的思念是心理反应，可是得了"相思病"想而不得见：为什么胃口就不好吃不下饭了？其中的心理和生理的关联如何理解？这是心病还是身病？

（2）人的心理非常复杂，受很多因素影响，如遗传与生理、文化程度和家庭成长过程，以及生活工作环境和社会背景等。性教育者需了解心理的多因素性。

3. 个人：有惑无解

据《报告》显示，61.48%的青少年有过"青春期的困惑"，但高达78.24%的青少年缺乏青春期性健康教育，多数青少年的性健康知识靠"自学"。孩子在生理和心理上尚不成熟，但信息来源广泛快捷、良莠不齐，容易使孩子接受错误教育，出现性认知偏差。青少年性犯罪低龄化和性犯罪率逐步升高的社会现象多有报道。特别是在基层，《报告》中提到询问受害者及施害者"性同意"的概念，他们的答案非常模糊，甚至没有这个概念。例如，身体的哪些部位是不可以触碰的？自慰对身体有害吗？遗精是怎么了？一个青春期男孩在电话中反复咨询：自己一个人在房间看"黄片"激动又羞愧却难以自解。

4. 家庭：父母需要"补课"

回答孩子关于性的问题的第一任老师是父母，家庭中的性教育具有及时连续的特点，是其他任何教育都不可比的。目前多数的中国父母在性教育方面的现状：自己是在缺乏性教育的家庭中长大的，不具备性知识和教育能力；父母对性教育难以启齿，认为孩子长大了自然会"无师自通"；一旦在性方面出现问题，不仅当事者恐惧，父母更是惶恐不安，大有"一失足成千古恨"的遗憾。

曾有一位家长讲述：在幼儿园有一男孩看了她女儿的生殖器，妈妈担心焦虑得彻夜难眠，第二天带孩子到医院做检查，反复询问这件事会有什么后果和不良影响。

试想一个问题："妈妈，网上说握手、拥抱和接吻都会得艾滋病，这是真的吗？"作为父母，该怎么答复？

5.学校：青春期教育=性教育

学校性教育的困境包括：适合不同年龄阶段的性教育基本是空白；缺乏系统规范的教程和专业老师；老师讲的不是学生想听的。

试想一下：生理卫生课之前的好奇神秘+期待幻想，上课时老师的照本宣科与学生的窃窃私语，下课后同学们私下交流的热情与激动。有学生戏称"我们知道的老师教，我们想知道的老师却不教"。北京师范大学编辑出版的《珍爱生命》性教育系列教程，生动形象地解读了不同年龄阶段的全面性教育的内涵，但也未能在全国铺开。

《深圳市中小学性健康教育研究》显示，深圳市小学生基本上未开展性健康教育；65.5%的初中生与52.1%的高中生表示学校很少开展性教育，22%的初中生与25%的高中生表示没有接受过学校的性教育；性知识的来源和途径来自"书报杂志和影视作品以及电脑网络"的占80%以上，来自"别人的谈论"的占11%，从老师处获取的占3%，听父母讲的却寥寥无几。

6.社会：缺乏全面性

性教育以健康为导向缺乏全面性，流于形式效果欠佳：全面的性教育需要更加多元化，可以以人权为基础，也可以以性别意识为基础实施性教育，但至今为止，中国的性教育，都是以健康为导向。例如，艾滋病教育主要是办培训班、贴宣传画、发宣传册和摆放安全套等方式，这些方式多流于形式，这种教育无法从根本上控制艾滋病的发生，降低其发生率，这是中国性教育的一大特点。

第三节　当代中国家长在性教育问题上的认知特点

对多数中国家庭来说，家长对"性教育"不恰当、不科学的认知，严重阻碍了家庭性教育工作的开展。厘清家长对家庭性教育的各种错误认知，帮助家长从观念和理念上重新理解"性"和"性教育"，是家庭教育指导师协助家长承担起对孩子性教育责任的首要任务。

一、当代中国家长在家庭性教育问题上的认知特点

1.认为"性教育"就是"性行为""性器官"的教育

在家庭性教育中，提到"性"，很多家长首先想到的就是"性行为""性器官"。还有一些家长认为"性"是一件坏事儿，是不洁净的，生殖器是脏的，见不得人。这种粗浅的理解让这些家长在性教育的问题上总是避而远之。对"性"的认知里确实包括"性行为"和"性器官"，但这些只是性教育里面的一个组成部分，而不是全部，即便是性教育里关于性行为的部分也不是谈性技巧的，而重点是引导孩子如何看待性行为、作出正确的决策以及如何保护自己。其次，认为"性行为是不好的，生殖器官是脏的"，产生这种观点的一部分原因可能是"性"一直是很私密的，是非公开的，这种特点也增加了"性"的神秘性，对大多数家长来说强调负面理解可以更好地阻断孩子对其神秘性的好奇。但这种良苦用心也同时传递了一种奇怪的、自相矛盾的困惑：性是不好的，生殖器官是脏的，那么从不好的性而来的、从脏的生殖器官而来的"生命"到底是不好的、脏的还是宝贵的？这"生命"是值得爸爸妈妈爱的吗？相爱的人为什么要一起做不好的事？

2.认为性教育就是青春期教育

长期以来，我国性教育的唯一开放窗口就是青春期教育，即便是青春期教育

也不叫性教育而被称为生理卫生教育。在家庭中，青春期教育主要侧重于对遗精和月经的一种护理性的介绍，甚至还是言辞闪烁的，以至于很多孩子不明其理，要么自己通过书籍、网络等其他途径获取相关信息，要么陷入恐慌和恐惧：有的孩子见到经血以为自己要死了，还有孩子因为怕被老师和同学知道而拒绝使用卫生巾，等等。在家庭中，青春期教育的另一个重点是防范早恋。除了少数能良好引导孩子处理青春期对异性产生好奇、好感的家长外，更多的家长则是通过威逼利诱、忽略不管甚至是恐吓的方式杜绝孩子这个阶段与异性的情感问题，但这其实是无视孩子青春期生理心理发展客观事实的一种简单粗暴的处理方式，其无益于良好亲子关系的建立。

3. 认为性教育是学校的责任，与家长无关

不可否认，学校在学生的性教育中扮演着非常重要的角色，但将性教育的责任全部推给学校，明显是在逃避自己作为家长的责任和义务。而且从目前学校开展性教育的实际情况来看，真正系统开展性教育课程的学校，无论是幼儿园、小学、中学还是大学都非常少，可谓是凤毛麟角。诚如重庆市教育科学研究院的调查数据（2016）显示，45.5%的中小学生对学校开展专门的性健康教育愿望强烈。另有2017年杭州市某区两所高中学校学生的抽样问卷调查显示，92%的学生认为学校的性教育有待完善，其中13%的学生更认为是亟须完善[①]。

4. 认为性教育会诱发性行为

性教育会诱发性行为是家长们比较普遍的一种担心，他们认为不懂"性"才是道德纯洁的表现。很多家长最得意的一句话就是"我们家孩子在那方面没有问题，他/她还啥都不懂"。殊不知，这些孩子往往会因为感觉在父母面前提问性问题没有安全感而选择不向父母提问，他们更多选择通过网络或同伴来获取与性相关的信息。这其实更增加了他们接收不良性知识、性信息甚至错误两性关系信息

---

① 武俊青，李玉艳，周颖，等.杭州市某区高中生对学校性教育的态度和需求分析［J］.中国健康教育，2017，33（2）：182—184.

的风险和概率，从长远来看会影响这些孩子未来的婚姻和家庭。

美国性教育组织为青年倡议（Advocatesfor Youth）的一项研究表明，对性和危险性行为方面的正确信息了解不充分的青少年，比起那些在这方面掌握更多信息的青少年，容易更早地开始体验性[①]。如果青少年能够与父母或其他重要的成年人谈论性以及性保护方面的事，那么他们过早地体验性或进行无保护措施的性交活动的可能性就会低于那些没有这种交流经历的青少年[②]。

5.认为性教育等于教育女孩防性侵

各种媒体频繁曝光的对幼童和青少年的性侵事件让很多家长非常重视孩子的防性侵教育，并且重点是教育女孩子一定要洁身自好，不要和陌生人单独出去，等等。防性侵是性教育的重要组成部分，但不是全部；同时防性侵教育不只是女孩需要，男孩同样需要。曾有媒体曝光一个专门传播侵犯男童的淫秽视频的大型网上组织，男童被性侵虽然在数量上远少于女童，但绝对数量并不小。这一方面是因为传统上人们对男性在性方面的主导地位的固有观念，觉得男生是不会受伤害的那一方；另一方面是因为男童受到性侵害比较不易被察觉。因此，没有性别之分，每一个孩子都应该被保护远离性侵犯。

通过梳理大多数中国家长在家庭性教育问题上的认知特点，并对这些认知特点进行分析可以发现，家长对家庭性教育的种种观点其实是错误的。这些错误的认知一方面源于家长业已形成的一些关于性的偏见，比如"性是不好的""女孩儿被性侵是由于自己着装不当"等，另一方面也源于这些家长自己从小就没有接受过任何正式的、科学严谨的性教育。正是这些不恰当的也不科学的认知，严重阻碍了家庭中性教育工作的开展。

[①] Alford S. Science and success: Sex education and other programs that work to prevent teen pregnancy, HIV, and sexually transmitted infections[J]. Advocates for Youth, 2008.

[②] Rodgers K B. Parenting processes related to sexual risk-taking behaviors of adolescent males and females[J]. Journal of Marriage and the Family, 1999: 99—109.

二、重新理解性教育

树立正确的性别价值观是形成正确人生价值观的重要组成部分，而性教育对于树立正确性别价值观的意义重大，以家庭为载体、父母为教育者的家庭性教育形式更是重中之重；虽然一个良好的、推广家庭性教育的社会氛围还未出现，但是我们社会上已经出现了越来越多支持的声音，这是一个好的兆头，对未来我们仍应充满信心，因为这不仅是帮助我们的孩子，更为我们的思想观念带来了一次深刻的变革。

1."性"是生理、心理和社会多维概念

从生理层面来看，"性"包括身体（包括性器官）、青春期、性欲、性行为、生殖、避孕、性病等。从心理层面来看，"性"包括性别认同、心性发展、性感受、性倾向、保护自己、决策（是否与某个人恋爱、进行性行为、结婚等）。从社会层面来看，"性"包括两性交往、人际关系、价值观等。其中有关生理和心理层面的性知识和性信息，如果家长和学校错失了给予孩子正确、科学的这方面内容的话，他们就会转而投向各种信息良莠不齐的网络，很有可能会影响他们对"性"的正确认知。同时，从社会层面认识性也是重要内容，孩子青春期时家长唯恐他们谈恋爱，但年过三十依然没有男女朋友家长却心急如焚，因此如何与异性相处、如何认识两性关系其实都是"性"这个集合概念的重要组成部分。如果家长能从这个高度理解"性"，那么在与孩子谈性时应该就不会再色变了，也不会觉得性教育是可有可无了，因为今天良好的性教育将有益于明天孩子的身心健康、人际关系、婚姻家庭，乃至中国人最重视的家族传承、家业长青。

2."性"一直都是客观存在的

性是从受精卵开始就伴随我们一生的重要生命现象。性的这种客观性主要体现在三个方面：首先是身体性器官的发育客观存在，胎儿期就是基于不同的性器官而形成男孩、女孩，再到青春期的遗精、月经；其次是孩子对自己身体、性别

和性行为的"好奇"客观存在,这种好奇始于学龄前儿童对自己性器官的自看和对异性小朋友性器官的好奇,再到青春期对性行为的好奇;最后,基于性的相关信息和互动而对他们心理健康产生的影响也是客观存在的。

美国林肯公园乐队主唱查斯特·贝宁顿(Chester Bennington),这位获奖无数甚至获得联合国全球领袖奖的音乐才子终因挥之不去的抑郁在41岁时选择自杀,而他的长期抑郁则与童年被性侵的经历密切相关。台湾年轻女作家林奕含也是因为被性侵的可怕经历而导致抑郁最终选择自杀。我国也有学者的调查研究显示,性伤害是对青少年一生幸福影响最大的安全事故[①]。

"性"在这三个方面的客观性决定了家长不能再将性教育和青春期生理卫生画等号,更不能如一些家长所设想的"孩子20岁前对性完全无感,20年后瞬间明白一切,然后乖乖结婚生子",这都是不符合性发展的客观事实的,性教育应该是伴随着个体性发育的客观发展而进行的。

3.性教育是集知识、保护、道德和法律于一体的综合性教育

性知识的教育包括:认识性是生命的源泉、自我认同、性别认同、生理组织与功能、性卫生保健、性心理。自我保护的教育包括:过早性行为和无防护性行为的严重危害、性病预防知识、如何保护自己等。性道德和法律的教育包括:对待生命的态度、对待父母的态度、性与爱情和责任、隐私保护与侵犯、未成年人保护法等。

对此,联合国教科文组织、人口基金会、儿童基金会等机构联合发布的《国际性教育技术指导纲要》提出的全面性教育的观点将性教育的主要内容概括为八个核心概念(见表7.1):

表7.1 性教育的八项核心内容

核心概念	主要内容
关系	家庭,友谊、爱及恋爱关系,宽容、包容及尊重,长期承诺及子女养育。

---

① 马琳,胡珍.中小学性安全教育现状调查与分析——以成都市为例[J].教育与教学研究,2010,24(10):46—49.

续表

核心概念	主要内容
价值观、权利、文化与性	价值观与性，人权与性，文化、社会与性。
理解社会性别	社会性别及其规范的社会建构，社会性别平等、刻板印象与偏见，基于社会性别的暴力。
暴力与安全保障	暴力，许可、隐私及身体完整性，信息与通信技术的安全使用。
健康与福祉技能	社会规范和同伴对性行为的影响，决策、沟通、拒绝与协商技巧，媒介素养与性，寻求帮助与支持。
人体与发育	性与生殖解剖及生理、生殖，青春发育期，身体意象。
性与性行为	性与性的生命周期，性行为与性反应。
性与生殖健康	怀孕与避孕，艾滋病病毒和艾滋病的污名、关爱、治疗及支持，理解、认识与减少包括艾滋病病毒在内的性传播感染风险。

4.家长对孩子进行性教育是不可推卸的责任

中国的很多家长在性教育方面多以感觉尴尬、不知如何讲等各种理由放弃对孩子进行性教育的权利，逃避对孩子进行性教育的义务。首先，从亲子关系来看，父母是孩子最亲密、最信任的人，亲其师信其道，父母是对孩子进行性教育的第一责任人。其次，从性教育的本质来看，性教育其实是建立关系的一种教育，性教育依赖于双方亲密、信任的关系，也借着教育的过程更加巩固二者之间的亲密和信任。最后，从相对应的角度来看，当家长放弃对孩子进行性教育的时候，客观存在的对性知识的好奇会让这些孩子不得不另寻他路。

抽样调查显示：大学生获得性知识的途径85%来自网络、黄色刊物，小学生接受正规性知识等健康生理教育仅为6%，仅有25%的大学生接触过正规的性健康教育；62.7%的高中生已知的性知识来源于传媒（含网络、影视、课外书刊），仅有22%的人的性知识来自相关课程或老师，性知识由家长告知的人不足13%。中国妇幼保健协会与北京大学2017年做的联合调查则发现，高危青少年（15~19岁）避孕知识的来源中：朋友占52.6%，社交媒体占46.5%，伴侣占42.1%，传统媒体占24.6%，父母仅占6.1%。

这些数据背后是更加残酷的现实：婚前性行为成为潮流，十几岁妈妈成网红，学生堕胎享受优惠……对于我们的孩子来说，我们不教，自然会有人替我们教，但前面是魔鬼还是天使就不得而知了。

5.性教育不仅是教育女生保护自己，也要教育男生

首先，性伤害不是女生的专利，所以性教育讲的自我保护，男生女生都一样需要。长期以来，防性侵保护通常都是只针对女生的，直到越来越多的男童被性侵案的曝光。男童被性侵后往往不太容易被发现，但它带给男生的伤害并不亚于女生受到的伤害，所以男生同样需要防性侵。

其次，性教育中的自我保护不能只教女生如何保护自己，也需要教育男生从小尊重女生。一些人固执地认为，女生被侵害不怪性侵行为的施暴者，而是在于女生自己，是女生自己的着装或行为不当诱发了施暴者的侵犯行为。这种奇怪的逻辑并无任何科学研究数据支持，事实上已有的数据显示，施暴者在选择受害者时的两个关键点分别是是否有机会和目标是否易顺从。一般穿着比较保守的人，更容易被打上"易顺从"的标签，但衣着暴露的人会因被认为"更主动，具有统治力"而不会被列入侵害目标的名单。也就是说对于性侵害而言，衣着暴露与成为目标并无直接关系。

第四节　改进中国式家庭性教育的建议

性的概念非常复杂，涵盖生理与社会、心理与精神、宗教与政治、法律与历史、伦理与文化等，家庭教育指导师必须全方位多维度地不断更新对性教育的认知，把家庭性教育放在整个生活的大局中来观察和思考，指导家长根据不同年龄段儿童的心理特点，"适时、适度、适当"地把握分寸，用科学知识来战胜愚昧，使儿童和青少年对性的本能既不视为神秘和秽亵，又不养成恶劣的习惯，使他们养成高尚的思想品德和科学的卫生习惯。

一、加强正规性知识学习

父母在家庭中对孩子的成长扮演着无可替代的角色，同样在性知识的教导上，父母是直接向孩子传授性知识的第一人，有些父母没有接受过正规的性教育，所以无法对孩子进行正规系统的性教育。作为父母应了解孩子的性发展规律，看懂孩子性发展中出现的行为，才能谈得上帮助孩子完成生命发展的任务。因此，父母应加强自身对正规性知识的学习，提高自身的素质，保证对孩子传播正确、健康、积极的性教育知识。

二、把握性教育尺度

日常生活中，家长经常会被孩子的一些问题"考倒"，诸如"我是怎么生出来的""男孩为什么站着小便而女孩却是蹲着"，面对孩子的这些问题，很多家长不知道该答到什么份儿上，说很难把握这个"度"。不说明白，等于没说；说得太明白，细致的解释又担心孩子的承受度。一旦把握不准确就会对孩子产生负面影响，所以家长在对孩子进行性教育时，要把握准确度，力求事半功倍。

三、适时进行性教育

青春期是孩子成长中的关键时期，也是对性朦胧和充满好奇的特殊时期，这一时期是对孩子进行正规性知识教育的最适宜阶段。比如，让青春期的女孩懂得珍惜生命、自尊自爱、保护自己；让青春期的男孩懂得责任、保护自己，明白过早接触性行为，造成的后果自身无法承担。将青春期作为基础的性教育时期，如果能够及时地给孩子树立正确的性观念，便能强化家庭性教育对孩子的影响。

由于特殊的文化环境和经济发展水平的影响，我国的正规性教育普及进度比较缓慢。但性教育在我国正逐渐被更多人关注，需要更多的人投身到正规、健康的性知识普及队伍中来。或许将来有一天，我们能够不再谈"性"色变，我们能够带着尊重的态度去正视而不是带着讥笑去逃避。若想达成这样的局面，需要所有父母改变眼中曾经性教育的错误模样，端正对性知识的态度，从而用这样的态度去影响孩子，同时学习正规、专业的性知识再教给孩子，让孩子从小树立正确的、良好的、健康的性观念，让孩子能够拥有一个健康快乐的青春期，拥有一个健康快乐的人生。

第八章
法律教育

第一节　法律视角下的家庭教育

一、从法律视角看家庭教育指导师

2021年国家颁布了《中华人民共和国家庭教育促进法》（以下简称《家庭促进法》），家事变国法，说明家是最柔软的东西，需要最有力的保护。站在法律的高度与视角，透视家庭教育指导师职业的前世与今生。

首先，大家能听到来自法律界的灵魂拷问：家庭教育自古以来就属于传统家事，如今居然须依靠国家法律来强制了？原本天赋的义务，居然要祭出司法之剑来震慑才能履行？从家喻户晓的《朱子家训》到享受千秋盛名的《颜氏家训》，千年文化传承中作为孩子的第一所学校，家庭怎么反而要依靠法律强制来"规范办校"了呢？这对于自古以来提倡"家风""家训"的中国人来说，真可谓千年第一回。

人们对家庭教育由家事变国法，对"依法带娃"充满着可叹、可笑等情绪，但我们要意识到国家公权力悍然插手家务事究竟意味着什么。理解了这些，才能真正对家庭教育指导师这一神圣的职业有应有的理解和认识。

只有当国家、社会与人民的安全与利益遇到了重大威胁和普遍性伤害时，法律才会站出来予以震慑、惩处和引导，以使其回归应有之状态。如今，家庭教育需要法来强制，那就说明家庭教育出现了普遍的重大问题，造成了突出的社会问题与矛盾，甚至已经威胁到国家的发展与人民的长远利益。综上，当下家庭教育功能的缺失，以及所面临问题的复杂性可见一斑[①]。

家庭教育是教育的开端，关乎未成年人的健康成长和家庭的幸福安宁，也关乎国家发展、民族进步、社会稳定。《家庭教育促进法》通过制度设计，采取一系列措施，实现家庭教育由以家规、家训、家书为载体的传统模式，向以法治为引领和驱动、以社会主义核心价值观为主要内容、以立德树人为根本任务的新模式迭代升级，将家庭教育由传统"家事"上升为新时代的重要"国事"。

"家是最小国，国是千万家"，在"家事"上升为"国事"的同时，千万不要忽略了另一个不变的本质，那就是家庭教育阶段（尤其未成年阶段）也是人们与子女最亲密最纯粹的时光。"法"的规范是要划定和守护底线，而"情"的温暖才是家庭教育的真谛。家庭教育指导师的另一个使命，就是为这世间最柔软的东西，提供最有力的保护!

二、法律视角下的家庭教育发展和现状

家庭教育与法千年来始终在一起。五千年中华文明传承，家庭教育始终是其中核心的部分，而法（律）也始终贯穿其中。所不同的是，除了对未成年人的安全问题有明确立法给予保护外，关于家庭教育，大都以"家训""家书"等形式、以宗族礼法、家风家规的规范进行。古代社会的家庭教育，有以下几个主要特点。

1. 带有鲜明的封建阶层和宗法等级区分的特点

阶级不同，等级不同，家庭教育的形式、目标和内容也不同。中国夏、商、周三代的统治阶级，在太子、世子生下来后，便在宫中设"孺子室"，专事太子、世子保育、教育之用；稍后，又有官员专门负责辅佐，教育太子、世子。其教

[①] 徐枫，王剑璋，杨雄. 新时代家庭教育研究[M]. 上海：上海社会科学院出版社，2020.

目的是为了培养能够镇压奴隶的统治人才，教育内容是学习奴隶社会的生活方式和社会秩序，区别贵贱尊卑等。

而平民阶层的子女，只能在自己家里，结合日常生活、劳动向父母及其他年长者学习他们所从事的职业的知识、技能。至于奴隶，他们的一切，包括他们的子女，都是属于奴隶主的；他们夜以继日地从事繁重的劳动，顾不上子女，当然也谈不上什么家庭教育。在封建社会，宗法等级分明，各阶层的家教都各有其侧重点[①]。

2. 以封建礼法、道德、价值观教育为核心内容

中国历代封建士大夫都把齐家与治国平天下相提并论。而齐家也好，治国平天下也罢，都与修身息息相关，因此，以"三纲五常"为核心的封建伦理、男尊女卑、轻视劳动、轻视劳动人民等封建思想观念，成为封建社会家庭教育的主要内容。

同时，许多思想家、教育家强调家庭教育要从教"人伦"着手，使孩子学会做人。而做人的标准可归纳为在家孝父母，为国要忠诚，求学要勤奋，生活要节俭，待人要诚实，等等。

3. 相比西方国家，中国传统家庭教育观念更注重早期教育

中国古代社会特别重视胎教和早期教育。周文王之母胎教的传说流传至今，孟母三迁、断织劝学、曾子杀猪教子等故事，更是脍炙人口。对古代胎教和早期教育的经验，颜之推在《颜氏家训》中指出，幼儿时期行为习惯尚未形成，具有很大的可塑性，应该抓紧时机，在幼儿能认识人、知喜怒时就开始教诲，该做的就要教孩子做，不该做的事则不让他做。如果孩子养成坏习惯再给予纠正，就很困难了。"固须早教，勿失机也。"[②]

[①] 顾莉.以家风建设促进社会主义核心价值观培育研究[D].扬州：扬州大学，2019.
[②] 王永祥.儒家庭教育思想研究[D].兰州：兰州大学，2017.

可以看到，自古以来家庭教育和法（律）始终依存在一起。古代社会的家庭教育，尤其是中国奴隶社会和封建社会的家庭教育，明显地打上了剥削阶级法礼的印记，带有专制的色彩，此为糟粕应予以抛弃。但其中也有不少体现民族优秀文化传统的东西，即使在今天还是有启发、教育意义。

第二节　指导师职业诞生的法律背景

《家庭教育促进法》家事变国法的背后，是社会巨大变迁带来的突出矛盾，也是指导师职业诞生的背景。

一、家庭教育的复杂性

孩子一出生就在家庭中接受熏陶和教育，无论主动与被动，家庭都是教育的最基本单位。以往儿童在家庭中通过父母学习基本的社会生活规范，为人格与个体社会化奠定基础。而现在因为种种原因（不能简单把问题归结到父母身上，他们的背后亦有深层次原因），父母对学校教育机构的依赖性逐渐增强，但是学校以及其他教育机构还是无法替代家庭教育的影响。

受我国社会转型、家庭结构、教育改革等因素影响，家庭教育的角色定位不清与职责模糊，在很大程度上会影响责任主体的主体性与责任心。

从现象中看，家庭教育引发的社会矛盾突出，概念和边界混淆不清。一是不少家长的家庭教育主体责任意识不强，把家庭教育的责任推给学校和社会；二是家长在家庭教育中重智轻德，部分家长将学校教育作为教育的标准和模板，为了升学不顾一切，片面关注子女学业发展；三是家庭教育"学校化"，父母忽视家庭教育对子女品行的养成功能，使得家庭教育处于学校教育的从属地位，成为应试教育的"内卷分子"之一；四是学校教育"家庭化"，"家长群"变成"作业群"，家长被要求辅导、批改学生作业，参与学校监考与维持纪律，学校、教师的教育责任被转嫁到家长身上，家庭教育空间被挤压等。[①]

二、家庭教育内卷化

姑且不论家庭教育自身的内卷，先说说教育行业本身。在当下一说到教育，绝大多人的第一反应就是现在花的钱越来越多，无论是越来越贵的文化课补课费用，还是如同坐火箭般一路飙升的优质学区房房价，以及攀比之风日盛的各色特长培优。如果再想起"海淀妈妈"之类的教育中的圣斗士群体，简直会让人头皮发麻。最近网络上流行一个特别火的特长鄙视链，那是越偏门的越高端。运动特长类：马术＞高尔夫＞击剑＞棒球＞网球＞足球＞跆拳道＞羽毛球、乒乓球＞游泳＞跑步；音乐类：管风琴＞竖琴＞大提琴、小提琴＞萨克斯＞长笛＞架子鼓＞钢琴。稍微一看就明白越偏门的越贵，像顶端的马术、管风琴单是对设备和场地的要求已经令绝大多数家庭望而却步。

条件宽裕家庭不惜花大价钱要学这些奢侈特长，甚至中产家庭也竭力要够到这个层次，大部分原因是可以让自己和普通收入的家庭区分开来，以接触更加优质的人脉资源，这正是内卷化的影响。我国存在大量的体制外教育产业，同时制造焦虑、贩卖焦虑的资本驱动的"服务行业"的存在，使家庭教育深陷内卷化，又被社会教育内卷化裹挟。

教育内卷如果不加以干预和缓解，将会引发严重的社会和国家发展问题。作为发达国家的美国，最优秀的教育资源是私立学校，上这种学校需要很高的学费以及额外花费，进入名校还需要有极具名望的社会名流的推荐信。电影《风雨哈佛路》对美国教育现状的描述可谓是淋漓尽致，一个没背景没资源的孩子想上名校遇到的压力简直无法想象。因为他面对的压力是来自国家环境，来自整个上流社会对底层家庭设置的层层关卡。上层社会为了保护自己的利益，不断提高优质

[①] 徐枫，王剑璋，杨雄.新时代家庭教育研究［M］.上海：上海社会科学院出版社，2020.

教育资源的门槛，让底层社会家庭根本无法满足其基本要求，这样就可以将绝大多数人排除在外进而降低整体的竞争强度。

平心而论，中国教育行业在国家的政策下已经是最公平的环境了，但是如果在一个你追我赶的大环境下，可以看到一场由上而下的教育内卷化正在席卷整个中国，所有人都正处于其中。

破解教育内卷之道在哪里？就在于国家对家庭教育立法，不破不立。《家庭教育促进法》将教育问题果断划分为家庭教育、学校教育、社会教育三个独立的板块，明确了每个板块的定位和目标，直抓复杂事物的本质，突出家庭教育的清晰定位与核心价值。

拒绝教育内卷的根本在于孩子具有正确的人生观和价值观，以及独立思考的能力，而这些都只能由家庭教育来完成。面对这样的复杂局面，国家立法出台了《家庭教育促进法》。法律的生命在于执行，作为家庭教育指导师的核心使命之一，就是以《家庭教育促进法》执行者的身份，赋能家庭教育的相关主体，拨云见日。

第三节　法律视角中的家庭教育指导师定位

从法律的视角来看，家庭教育指导师的定位，就是国家《中华人民共和国家庭教育促进法》（以下简称《家庭教育促进法》）运行体系中的关键环节，站在整套法律运行体系的最末端，连接千万个具体的家庭与个人，一手法典一手温情，用刚柔并济来形容最为恰当。

一、普法者

2021年1月、8月和10月，经过全国人大三次审议草案，《中华人民共和国家庭教育促进法》于10月23日正式表决通过。该部法律分为六章五十五条，分别从家庭责任、国家支持、社会协同和法律责任等方面对未成年人监护人和社会对家庭教育应当承担的责任进行了划分和规定。这是继《教育法》《义务教育法》和新版《未成年人保护法》后，又一部教育领域的重磅法规。

作为国家正式通过并颁布执行的新法，《家庭教育促进法》运行的首要目标就是，家庭教育所涉及的所有参与者（不仅是家长这一责任主体），对《家庭教育促进法》的准确理解。按照法律运行的规律，此时普法工作意义重大。

宣传《家庭教育促进法》，是执法的基础，是人道主义行为。用大家所不知道的法律来约束大家，法的合法性就会有瑕疵，执法就容易成为人治的工具。法律是系统和完善的行为准则，相互补充和关联，是系统智慧的集中体现。《家庭教育促进法》的颁布，有利于惩治家庭教育中的违法行为，免于成为违法者不知者不为过的借口，有利于树立家庭教育法治的意识，有利于受教育者建立缜密的逻辑和强大的记忆，有利于受教育者理解立法者的社会实践理想。通过了解顶层设计者如何构架法律体系，可以预见未来社会的发展进程，预见其制度后果。

《家庭教育促进法》的普法体系是由政府、学校、媒体、个人组成的完整体系，而家庭教育指导师在其中身处关键环节，是连接个体的末稍端点。面对政府主管部门、学校、机构、家长等各个角色，天然承担《家庭教育促进法》普法宣传员的职能。

二、赋能者

赋能者的概念起源可以追溯到20世纪20年代，是现代管理学理论预言家玛丽·帕克·福莱特的研究成果。福莱特严厉地批判等级森严的企业组织结构，她憎恶"命令与控制"型的领导作风，提倡结合更多民主因素的企业管理方式[①]。

---

① 秦海敏.从赋能授权理论谈内部控制[J].商场现代化，2006（23）：69—70.

赋能是双向的，它包括了自我赋能和赋能于他人。在现代管理理念中，组织内的自我赋能是人才个体的自我驱动、自我激励、自我升华，而赋能于他人就是组织通过去中心化驱动组织扁平化，组织自上而下赋予人才开放创新的思想，锐意进取的动能，自主决策的权力，主动工作的态度。

《家庭教育促进法》以法律条文予以明确，家庭教育的主要赋能对象是家长，家庭教育指导师未来面对的主要就是这个人群。他们的困境或在观念层面，也可能在能力层面，此时不仅要授以鱼，更要授以渔，甚至赋予他（她）改变环境所需各项能力。

第四节 《家庭教育促进法》导读

《家庭教育促进法》是家庭教育事业的基本法，也是家庭教育指导师这个新兴职业成立的法理依据，可以将其理解为家庭教育工作领域中开展工作的"宪法"。

作为家庭教育指导师，将在一部法律的指导下，面对各种各样的问题和家庭，同时要作出准确的判断，以及正确连接社会团体、专业人士、行政部门、司法机关等角色，吃透《家庭教育促进法》的法理，准确掌握法条内容含义，灵活运用于实践，即守正出奇的能力至关重要。

一、家庭教育的主体与责任

《家庭教育促进法》最为重要的原则，就是明确了家庭责任，即父母或其他监护人是家庭教育的主体责任者，国家和全社会应给予家庭教育以支持。

《家庭教育促进法》总则的第4条第1款规定："未成年人的父母或者其他监护人负责实施家庭教育。"第二章家庭责任的第14条规定："父母或者其他监护人应当树立家庭是第一个课堂、家长是第一任老师的责任意识，承担对未成年人实施家庭教育的主体责任，用正确思想、方法和行为教育未成年人养成良好思想、品行和习惯。共同生活的具有完全民事行为能力的其他家庭成员应当协助和配合未成年人的父母或者其他监护人实施家庭教育。"

父母或其他监护人为什么要承担家庭教育的主体责任？可以从两个方面来理解，一是生命责任，二是社会责任。

先说生命责任，是父母的爱情孕育了新的生命，新的生命最需要父母的呵护与照料，父母的亲自养育最有利于孩子的生长。再说社会责任，孩子都会逐渐长大并走向社会，而家庭教育尤其是家风对孩子而言是最深远最持久的影响。孩子能否学会做人，父母是第一责任人。

将生命责任与社会责任结合起来看，又可以发现养和育的关系密切相连，育以养为前提，没有养就没有育，亲子依恋关系对家庭教育的成败得失影响巨大。一代代人经历艰苦岁月长大，为什么最感恩父母的养育之情？如俗话说"儿不嫌母丑"，就是依恋关系的反映。因此，父母承担家庭教育的主体责任是责无旁贷的神圣天职。

二、家庭教育中法律指导的内容

1. 家庭教育中法律指导的核心原则

《家庭教育促进法》总则第5条规定："家庭教育应当符合以下要求：（一）尊重未成年人身心发展规律和个体差异；（二）尊重未成年人人格尊严，保护未成年人隐私权和个人信息，保障未成年人合法权益；（三）遵循家庭教育特点，贯彻科学的家庭教育理念和方法；（四）家庭教育、学校教育、社会教育紧密结合、协调一致；（五）结合实际情况采取灵活多样的措施。"

2. 家庭教育中法律适用范围和内容

《家庭教育促进法》在第二章家庭责任的第16条规定："未成年人的父母或者其他监护人应当针对不同年龄段未成年人的身心发展特点，以下列内容为指引，开展家庭教育：（一）教育未成年人爱党、爱国、爱人民、爱集体、爱社会主义，树立维护国家统一的观念，铸牢中华民族共同体意识，培养家国情怀；（二）教育未成年人崇德向善、尊老爱幼、热爱家庭、勤俭节约、团结互助、诚信友爱、遵纪守法，培养其良好社会公德、家庭美德、个人品德意识和法治意识；（三）帮助未成年人树立正确的成才观，引导其培养广泛兴趣爱好、健康审美追求和良好学习习惯，增强科学探索精神、创新意识和能力；（四）保证未成年人营养均衡、科学运动、睡眠充足、身心愉悦，引导其养成良好生活习惯和行为习惯，促进其身心健康发展；（五）关注未成年人心理健康，教导其珍爱生命，对其进行交通出行、健康上网和防欺凌、防溺水、防诈骗、防拐卖、防性侵等方面的安全知识教育，帮助其掌握安全知识和技能，增强其自我保护的意识和能力；（六）帮助未成年人树立正确的劳动观念，参加力所能及的劳动，提高生活自理能力和独立生活能力，养成吃苦耐劳的优秀品格和热爱劳动的良好习惯。"

上述规定确立了家庭教育是生活教育，其根本任务是立德树人。一般来说，父母们都是很重视孩子学会做人的，但为什么会出现知识至上和重智轻德的倾向呢？这自然与制造焦虑的社会影响有关，也与忽视成长与教育规律相关，似乎只要在学业竞争中胜出就是成功的人生。实际上，只有丰富的生活实践，才能形成良好的道德品质，才能真正学会做人。如果没有良好的品行，即使孩子成为学霸，也可能会误入歧途，这样的悲剧已经不胜枚举。

3. 家庭教育中法律执行的边界和方法

《家庭教育促进法》第17条规定："未成年人的父母或者其他监护人实施家庭教育，应当关注未成年人的生理、心理、智力发展状况，尊重其参与相关家庭事务和发表意见的权利，合理运用以下方式方法：（一）亲自养育，加强亲子陪伴；（二）共同参与，发挥父母双方的作用；（三）相机而教，寓教于日常生活之中；（四）潜移默化，言传与身教相结合；（五）严慈相济，关心爱护与严格要求并重；（六）尊重差异，根据年龄和个性特点进行科学引导；（七）平等交流，予以尊重、理解和鼓励；（八）相互促进，父母与子女共同成长；（九）其他有益于未成年人全面发展、健康成长的方式方法。"

《家庭教育促进法》第17条的规定，首先确立了两个重要原则：一是要从孩子身心发展的实际出发；二是要尊重儿童或未成年人的权利，即生存权、发展权、受保护权和参与权，这是教育孩子的原则与前提，也是教育孩子最根本的方法。简而言之，家庭教育的方法就是对儿童友好的方法，即儿童利益最大化，怎样做对儿童发展有利就怎么做。

具体该怎样履行家庭教育主体责任呢？《家庭教育促进法》明确了九种方法，第九种方法是开放性的，鼓励父母们在实践中探索，而前八种方法都是很有针对性和实用性的。第一种是亲自养育，因为养育不可分，没有养就没有育，亲自养育才可能形成亲子依恋的密切情感，为良好的家庭教育奠定坚实的基础。第二种是发挥父母共同的作用，不能把父母的主体责任变为母亲独立承担的责任，要重视父亲的教育作用。第三种是强调在生活中育人，如陶行知所说，好的生活就是好的教育。第四种是身教与言教结合，既要为孩子做好的榜样，又要以积极的解释引导孩子。第五种是严慈相济，国内外的研究都证明，对孩子既关爱尊重又严格要求是最好的家庭教育。第六种是尊重差异，就是不要盲目攀比，而是要发现自己孩子独特的潜能优势，采取适合的教育方法。第七种是平等交流，这是现代亲子关系的核心原则，就是要尊重儿童的权利和人格尊严。第八种是相互促进共同成长，这是家庭教育的宽泛定义，也是现代家庭教育的鲜明特征。孩子一般都会以父母为榜样，现代父母也要发现自己孩子的优点，自觉地学习孩子的优点，在信息化时代尤其需要共同成长。

4.家庭教育主体与外部环境的关系

《家庭教育促进法》第19条规定："未成年人的父母或者其他监护人应当与中小学校、幼儿园、婴幼儿照护服务机构、社区密切配合，积极参加其提供的公益性家庭教育指导和实践活动，共同促进未成年人健康成长。"

《家庭教育促进法》不仅在赋能与帮扶的角度，明确了责任主体和多类机构之间的公益性家庭教育指导和实践活动之间的互动关系，还规定了详尽的国家支持和社会协同办法，还有法律责任等内容。

其中，最重要的途径是家校合作。苏霍姆林斯基曾经强调过，没有家庭教育的学校教育和没有学校教育的家庭教育，都不可能完成培养人这一极其细致而复杂的任务[①]。所以，家长要重视家校合作，双方共同改变以往的偏见，相互尊重，相互配合，共同提升育人理念与方法。

三、家庭教育指导师的注意事项

1.家庭教育指导师的初心

家庭教育指导师是来缓解焦虑，为家庭教育保驾护航的，切莫背道而驰。随着《家庭教育促进法》的出台，其要求"依法带娃"，一些教培机构就把家庭教育指导师培训作为新的培训项目，面向中小学、幼儿园教师和家长招生，并宣称：该证书可提升职场竞争力；可作为持有者上岗就业、晋职考核和用人单位招收录用人员的重要参考依据；可拓宽职业方向，获得热门兼职、全职以及申请开办个人工作室权限等。

如果机构能给参加培训者进行系统的培训，使其懂得进行家庭教育指导的理念和方法，能对家长进行有针对性的家庭教育指导，那培训无疑是有价值的。若参加培训者只是想借助《家庭教育促进法》的"风口"，混一个"含金量高"的职业证书，获取一份高薪，恐怕其愿望即便得以实现也不会长久。

家庭教育指导，是对家长开展家庭教育进行指导，家庭教育指导师培训则是为家庭教育指导培训专业人员。《家庭教育促进法》规定，县级以上地方人民政府及有关部门组织建立家庭教育指导服务专业队伍，加强对专业人员的培养，鼓励社会工作者、志愿者参与家庭教育指导服务工作。很显然，随着《家庭教育促进

---

① 魏智渊.苏霍姆林斯基教育学[M].桂林：漓江出版社，2014.

法》落地，各地开展家庭教育指导，确实需要大量懂家庭教育指导的人员。

从具体的家庭教育指导培训来看，需求主要来自中小学、幼儿园老师，以及社会工作者、志愿者，因为他们要面向家长，在学校或者社区开展家庭教育指导。未来，家庭教育指导培训或许会成为在职教师的重要培训内容，这与生涯教育规划培训是类似的。当然，家长也可以参加家庭教育指导师培训，一方面提高自己对家庭教育的理解，另一方面也可以报名成为家庭教育指导服务志愿者。

这就要求广大家庭教育指导师，在学习过程中要静下心来，学会科学的课程体系设计，熟练掌握《家庭教育促进法》以及相关法律、制度和专业知识，训练自身授课、咨询等专业技能，不能在指导服务过程中传播错误的迎合家长功利诉求的理念。

2.家庭教育指导师是公益属性的专业人士

随着家庭教育指导师的工作开展，尤其是那些用心关爱家庭，同时身具专业知识与技能的优秀指导师，会很快在当地获得不错的口碑与影响力。之前的论述已经阐明，指导师不是纷繁复杂的具体问题的解决者，具体问题还需要具体的专业机构、专业人士甚至职能部门来解决。此时，你将面对最多的问题是："这个问题您能推荐个机构/专家/产品吗？"

因为作为个人，并不具备对庞大的服务体系做到全知全解的能力，也不具备对各类专业服务机构、专家及产品甄别判断的能力，只能在有限的资源和信息中选择，这样的做法风险很大，容易陷入不必要的纠纷之中。这还是建立在一片赤诚，不获私利的前提下，如果以利益驱动或因此获利，那面对的恐怕就不是纠纷，而是法律责任[①]。

专业能力的鉴别和链接必须依靠国家和政府主导和认可的家庭教育指导服务平台，我们只需要提高自身的专业态度和水平，守住初心即可。

---

① 段瑞春.创新与法治［M］.北京：中国政法大学出版社，2016.

最后，作为一名家庭教育指导师，除了基本法——《家庭教育促进法》以外，还应该具备哪些法律能力、所对应的问题以及典型案例解读等内容，将在未来持续的学习中逐一呈现。

第九章
家庭问题中常用指导方法和技术

很多人认为家庭教育指导师或者咨询师不就是和邻家大妈一样，有人遇到问题，在其热情的开导劝慰下，然后让人想通了，水平高的还能让人破涕为笑。

例如，当一个人失恋或离婚时，她可以找个亲朋好友哭诉一番或痛哭一场，实时就可以得到许多宽心的话，也可以得到不少的精神安慰，于是，她变得开心些了……

但开心之后又是什么呢？这便是家庭教育指导师所要解答的问题。换句话说，做好家庭教育指导不同于一般的安慰，因为它不仅要使人开心，更要使人成长。这里所说的成长，是指通过指导的过程，使这个人自己悟通了、理顺了，认清问题的本质，认知改变了，生活从根源上转变了，从而达到常言的心理平衡、社会适应。所以，使人开心只是家庭教育指导师的前奏曲，而使人成长才是主旋律。由此，使个人将不愉快的经历当作自我成长的良机，使人们积极地看待个人所经受的挫折与磨难，从危机中看到生机，从困难中看到希望。从这层意义上讲，家庭教育指导师也在于帮助人们学会辩证地看待生活中的忧愁烦恼。但这一切不是靠指教劝导得来的，而是靠启发领悟并积极实践获得的。

家庭教育指导师在指导中通过表面的描述听到倾诉者内心真实的表达，透过现象感受到家庭之间互动的本质。在心理辅导的过程中，心理咨询师会运用各种专业技术以帮助人们解决问题，目前心理咨询和辅导的流派众多，但无论用什么流派进行辅导，都离不开倾听、提问、共情、沟通这些基本技术，对于基本技术的学习和运用，也是家庭教育指导师的基本功。

第一节　倾听与提问

在聊天过程中，一位妈妈抱怨说孩子上小学三年级，回家不好好写作业，每天都磨蹭到晚上十一点，问大家都有什么办法。

A 说："关键是现在小学布置的作业太多了，而且难度很大！有的题目我跟我老公都不会做。啧啧啧，现在的孩子比我们那时候惨多了。"

B 说："干吗学习这事都是你来管，你老公呢？"

C 说："一样一样，我们家娃每天都拖到半夜，被我吼得一边哭一边写。等他哭完睡了，我再哭。"

D 说："要不要跟老师沟通一下孩子在学校里的情况？有时候孩子写作业慢是因为在学校里遇到了困难，上课听不懂。我家孩子以前就这样。"

E 说："秘诀是营造一个安静的、适合学习的环境，你孩子在哪儿？旁边是客厅！什么？爷爷奶奶在客厅里开着电视？那哪行啊！你跟爷爷奶奶商量一下，让他们去自己的房间看……哦，那就让你老公跟他们说……唉，也是，这就比较麻烦了。"（话题开始转向婆媳矛盾）

……

对于以上聊天你会不会觉得很熟悉？这样的对话就发生在你我的身边，随处可以听到。

一、倾听

1. 普通人如何听

面对这位妈妈的困扰，为什么每个人的回复如此不同？看来每个人对别人说出来的话理解有很大不同，面对同样一件事触动自己内心过往的经验，与对这件事的认知和观点，以及我们平时的惯常行为有关，所以同样的语言，听到不同人耳里，反应也如此不同。在回复中我们可以看到：有的人听到这位妈妈抱怨的是因为学校作业多；有的人听到的是她抱怨孩子而同理心一起抱怨；有的人为她打抱不平，立刻联想到家庭成员老公去哪儿了；还有的人听到了问题，立刻给出了自己的建议；甚至有人把环境、家庭的代际关系也都牵涉进来。当然这些回复都没有对和错，只是从不同角度给予了自己当下的认知和状态的表达。

只要仔细观察就会发现一般人的交流规律是这样的，当一人在说话的时候常常发现对面的另外一个人根本不是在好好地听，往往是在等待并寻找机会发现对方讲话稍有间隙，马上就会插上来说话了。人们相互之间交流得看似很热烈，又好像各说各话。

2.专业咨询师如何听

（1）"忌接话"。在普通人的交流中，为了表示热情、关注或投缘，一般人很喜欢接话。但是在咨询和辅导过程中接话就是忌讳了。接话对调动来访者自我表达和探究的积极性不利。万一接错了，还会影响来访者的倾诉心理，即使来访者有时候的表情似乎是希望咨询师接话。

如上面的例子，当咨询师回复道："你可以多说点吗？"这位妈妈或者会抱怨很多自己的忙碌，家里的一地鸡毛等，最后唉声叹气地想表达"内心焦虑"的意思，咨询师想到了这个词一般也不会说出来而是会用肢体语言、用期待的表情耐心等待这位妈妈自己说出来，看她用什么词语来表达这个意思。万一来访者有点词不达意，模糊使用了"就是很难受"这个词，咨询师也会等她把这个词说出来以后再提示着问："你说的'很难受'是不是'内心焦虑'的难受？"让这位妈妈加以确认，而不是在她似乎还没有表达完的时候接话帮助她表达。

（2）忌凭经验办事。凭经验办事也是心理咨询之大忌。它使咨询师在没有充分了解来访者实情的情况下，就按直觉判断，到头来陷入主观武断，给来访者帮了倒忙。当我们用眼、身、心全方位倾听时，才能挖掘来访者语言、行为背后的潜在动机。

例如上面的例子，咨询师在还没有了解更全面信息，没有感受到事情的全貌时，只是简单地鼓励这位妈妈继续表达。除了上面"你可以多说点吗"，还可以用简单真诚的"嗯嗯"来回应她的倾听。

（3）倾听是先决条件。倾听是所有咨询、疏导、反应和策略的先决条件，是咨询过程中最先做出的反应。如果咨询师不能很好地倾听，就有可能得不到正确或完整的信息，或者过早地提出干预的策略，所以掌握有效的倾听技术是非常重要的。作为家庭教育指导师很好地倾听对方，有助于来访者比较尽兴地表达自己的想法和感受，然后在咨询师的陪伴下，能够对自己有新的认识、新的感悟。这是来访者最终得以唤起自我内在的资源，积极解决自我心理问题的重要基础。

（4）注意观察。精神分析取向的心理咨询，是咨询师通过解释技术，帮助来访者发现自己的问题行为，进而实现行为的改变。精神分析心理咨询的另一大特点，是重视来访者的非言语表达。就像谚语所说"眼睛可以传递心声"，来访者的非言语表达为咨询师传递了丰富的信息。

为了结合倾听，判断听的信息的准确性，咨询师需要注意观察以下几个方面：①一个人在表达自己的时候并不仅仅使用言语，同时在承担表达功能的还有语调、面部表情和肢体形状与动作等。②一个人假如想要掩饰自己会努力控制自己的外表。但是很有意思的是，一个人在无意识中最容易将自己内在的感受反映在两只脚上，也就是说一个人的意识最容易疏忽的是他的两只脚。人一旦紧张焦虑，两只脚就会不知不觉地靠近椅子腿紧紧地顶着椅子腿或者是紧紧相抵。③有时还可以看到一种颇为有趣的与紧张焦虑状相反的现象，心理学界称之为"转化反应"。就是当一个人感觉紧张焦虑的时候却会在外表上故意表现出一种"很轻松"的小动作。譬如你会发现这个人用手指去理理头发、正正领带或衣领，或者轻轻拍拍自己肩膀处的衣服等。这种时候你仔细去看，往往会发现这个人的头发其实一点也没有乱，领带也很周正，衣服上也根本没有灰尘。来访者的这种小动作其实就是想掩饰其内在明显感觉着的某种不安和焦虑。④一个人内在的异常和焦虑还会表现为较多地眨眼睛。通常一个人每分钟会眨眼睛15下，女性比男性略多一些约20下。但是当一个人感觉紧张焦虑时，其眨眼睛的次数会明显增多，呼吸也会变得快而浅。⑤在人际对话的时候，还有一个挺有趣的现象就是当两个人在认知和情感上趋于一致的时候，常常可以发现两人在动作和体姿上也会趋同，这就是近年来心理学界有人指出的"人际同趋"①。

在开始的例子中，作为咨询师会观察这位妈妈在说话时候的整个状态，比如是焦虑还是紧张，在向大家抛问题时是认真的倾听、积极互动探索，还是随意地说说，并不希望得到答案，只是游客状态和大家闲聊而已。当听到回复的时候自己的状态有没有变化，比如听到是作业多的时候和听到"学习这事都是你来管，你老公呢？"的回复的时候，她的状态有什么不同，有没有什么面部、肢体语言，这些练习在不断增加我们对一个人的全方位了解。

咨询师在倾听的时候有一个基本格式，那就是要听清"发生了什么事情""当事人是怎么想这件事情的"和"当事人的情绪和行为结果是什么"。这是心理咨询师倾听的三个要点。而顺着这个思路会通过提问去听到更多的信息（后文将在提问技术中详细举例如何通过提问获得这些信息）。

3.家庭咨询师如何听

家庭治疗的系统论将家庭看作一个单元，看成一个系统，将关注点放到它们的关系模式上面来。换言之，个体出问题，只是系统出问题的一个信号。

例如上面的例子中，如果妈妈因为孩子的问题长期困扰，最终和孩子、孩子的爸爸一起见家庭咨询师，那么咨询师会启发每个人来诉说，同时自己会观察他们彼此之间语言、行为、互动的模式，并通过自己的语言推动家庭之间的互动，甚至让矛盾在治疗室激化后进行有效的干预。

如果孩子和爸爸不参与治疗，而只有妈妈一个人因为困扰来求助，家庭咨询

---

① 张志刚.心理咨询中的倾听与观察［J］.中小学心理健康教育，2008（24）：22—23.

师也会通过提问让妈妈去说孩子和伴侣是怎样的状态，面对问题时他们各自的反应，并不仅仅聚焦当事人自身的困扰，从而让这位妈妈不再停留在自己的困扰中不能自拔，而是可以跳出来逐渐看到孩子、伴侣，看到整个家庭的真实状态。

二、倾听的层次

1. 用脑子听

例如我们前面提到的普通人的听，往往带着我们自己的思维框架、自己的判断、自己的认知和经验、自己的价值取向去听，这时候常常听不到诉说者的本意和感受，这时候容易犯的错误是"有选择地听"，只听我们想听到的，这种听也常被称作"以自我为重心"的倾听。

2. 用身体听

用身体听也被称作"以他人为中心"的倾听。咨询师的听更多是打开了自己"眼耳鼻舌身意"，运用技术、共情等理论让自己不断地进入对方的世界去听，听到语言后面的感受，听到意识后面的潜意识，并帮助对方不断看到自己的盲区和未知区，整合自己的身心。

3. 用心听

繁体字"聽"，将听字拆分开为"左侧耳听为王，右侧十目一心"，也就是说在倾听别人的时候需要一心一意地注视着对方，全心全意地听到对方。也是破除我执的去听，在听的过程中放空自己，不带分别心和评判心，不带任何技术地跟随对方去听，是一份能抱持对方脆弱的慈悲力量，即使不做辅导和咨询，很多问题会在这份力量和接纳中自然转化。

三、提问的技术

倾听技术和提问技术之间是紧密联结的，开放式提问可促进对方不断挖掘自己，而封闭式提问则是在希望获得特别信息或者缩小讨论话题时才使用。循环提问常用于家庭治疗中家庭中的互动，而例外式提问让对方能够看到事情的可能性。咨询师或者辅导者也可以通过提问评估是否达到治疗目标来验证问题的有效性，是否通过提问引出探究和对话的整个过程。

1. 封闭性提问

封闭性的提问，对方只要用类似"是"或"不是"这样的词就可以回答，这样的问题在咨询和疏导过程中不宜过多使用，不利于实现要求让来访者"打开自己"的追求目标。而且，过多的封闭性提问还容易导致来访者产生责任转移的心理，总是被动地等着咨询师提问，等着咨询师来帮助解决问题。这非常不利于咨询效果，事实上也往往很容易引起来访者自己的阻抗情绪。

例如，问这位妈妈："你感到很焦虑是吗？"对方只能回答"是"或者"不是"。

"让你感到焦虑的是什么？或者你焦虑时的感受是什么？"这些都是开放性问题。

2. 开放性提问

问"为什么"是典型的开放性提问。但是，在心理咨询过程中对着来访者问"为什么"，容易形成一种暗示，似乎咨询师在责备来访者的行为、想法和情绪，这很容易导致阻抗心理。所以常常用"什么？怎样？如何？"来替代。把话语主动权交给来访者，可以使其更开放地表达。

例如，问一位妈妈和伴侣的关系时，可以问："你和爱人关系是怎样的？"或者"你们关系如何？"

3. 积极性提问

在提问的时候，应努力带来访者进入一种积极心态的假设中。

假如来访者提到自己在人多的场合就不敢说话，咨询师如果问："你是从什么时候开始一到人多的地方就不敢讲话呢？"

或这样问道："你是从什么时候开始，一到人多的地方就不能自如表达呢？"

两种提问，意思一模一样，但后者更容易引起来访者形成一些积极的内心体验，而且一个人看着目标，远比看着缺陷更加容易改变自身。

再比如开头的例子，如果问这位妈妈："你从什么时候开始感受到焦虑的？"对方会搜集描述更多焦虑的信息来佐证自己目前的焦虑。

如果换个问法："你从什么时候开始感受到没有那么愉快的状态了？"对方在搜集过程中会想到很多曾经的愉悦而做对比。

4.例外性提问

例外性提问是家庭治疗中常用的提问方式，因为是资源取向也可以应用在生活中。例外性提问可寻找资源，发现被平时忽略的闪光点。

例如："你说你孩子写作业时总是很拖拉，那有没有哪一次他准时完成了作业？"

提问的技术还有很多种，包括判断性提问、比较性提问、预想性提问、打分提问、转换性提问等。

以上倾听、提问技术让我们了解到，在一般情况下，人们对痛苦的往事是想谈清楚的，因为想获得理解和解脱。若是他们没有谈，并不意味着他们不想谈，可能是由于他们没有找到适当的机会和对象，或者他们可能尚存顾虑，没有勇气去谈。人们只有想明白了，才能从根本上甩掉包袱，放松精神，获得平衡，从而不再沉溺于对往事的追悔和懊恼而不得自拔。故此，当你努力安慰身边那些遭受伤害的人时，作为家庭教育指导师请不要简单地说"过去的事情就让它过去吧"之类的话，那可能是当事人最不愿听的话。如果他们没有对你的劝慰做出直接的反应，那并不意味着他们就听从了你的劝慰，而可能意味着你的话不中听，或你不懂他们的心。帮助一个人根除心灵中的创伤，不仅需要给予关心与理解，还需要有一定的心理咨询和疏导的技巧。

第二节 同感共情

一位妈妈甚是苦恼伤心,她15岁的儿子每天回到家,吃完饭就进自己房间,有时候她讨好地对儿子说几句"今天在学校怎么样",儿子的回复经常是"还行"。再问"饭菜合胃口吗",得到的回复也是"还行"。妈妈无数次崩溃指责儿子的冷淡、不爱沟通,反而让儿子更沉默。爸爸忙于工作,每天下班回来看到妈妈的情绪失控感到很无奈,他试图打破僵局跟儿子谈谈,但是也屡次吃闭门羹,夫妻俩因此经常互相指责,觉得都是对方没有尽到责任才导致孩子成了现在的"白眼狼"。

这位妈妈因此经常跟亲朋好友倾诉自己的苦恼。

有人劝慰说:"忍着点吧,孩子大了就好了,青春期都是这样的。"

有的人会打抱不平,愤愤然说:"这个白眼狼,我帮你去教训他一顿,孩子不能太惯着。"

有的人则怜悯地说:"你真是太可怜了,我儿子如果这样我会伤透心的。"

有的人则同情地说:"我儿子还不如你家儿子,整天打游戏不出门,你儿子好歹还正常上学,不错了。"

有的人则友好地建议道:"我儿子当初我采用了……的办法,他现在变得特别好,你可以试试。"

……

家有青少年的父母有不少会觉得有共鸣吧,好像在这个事例里找到了自己的影子,也看到了孩子的影子。如果面对周围有朋友求助,你会如何回应呢?先让我们一起看看专业咨询师是如何应对的。

咨询师会感同身受地回复妈妈的倾诉:"我理解,儿子这样的态度让你很烦恼。""嗯嗯,我感觉到你们夫妻对这件事情都很无奈。"……

当这位妈妈的情感被充分理解时，她和咨询师之间的关系才会逐渐建立，感情上的理解能给人的安慰，比任何语言都有用。真正的共情，就是替对方说出他说不出来的脆弱。最简单也最难的一步就是别再讲道理。闭上嘴，别人的声音才能进来。

一、同感共情的起源

同感共情来源于人本心理学家卡尔·罗杰斯，罗杰斯是人本主义"来访者中心疗法"的创始人，而同感共情在来访者中心疗法中居于中心地位，其把同感共情看作咨询师深入来访者的心灵世界、提供有效帮助的关键。在罗杰斯看来，同感共情是学会设身处地以另一个人的思想与情感去感受、体会周围的人和事物，令人充分感受到什么是"心有灵犀一点通"，使来访者能够放开自我，心理不设防，以正视自己的力量和不足，发现自己的非理性逻辑，最终做有效的调整。它以真诚与平等待人为先决条件。同感力是咨询师和家庭教育指导师必备的能力之一。

二、同感共情易犯的错误

经常听到很多做过咨询的人回应说："我觉得做心理咨询没有用，咨询师只是回应我的话，对我没有任何帮助。"所以初入道者在同感共情方面很容易犯两个错误：

（1）因过分关注来访者的感觉而制造出一大堆同感泡沫，于同感共情无实际的帮助。如过多地说"我理解你""我相信你""你真不好受"之类的话语，但没有核实这是不是来访者真正想听的话。

（2）因过分认同对方的想法而设置了重重的同感陷阱，错失了面质来访者的时机。如，因过分鼓励、肯定来访者的想法而没有推动来访者去独立思考，承担自我成长的责任。

同感并不一定是言语性的，它也可以是非言语性的，甚至一份真诚的聆听就够了。有的咨询师会说："在我的咨询里来访者也没有抗拒这些话呀！"心理学家罗杰斯说，来访者不反感你说的话，毕竟你没有说错话，但同感交流的艺术在于，不说错话不等于说对话了，这就和不输并不等于赢是一样的道理。说了不少同感的话语，但说多了就泡沫化了，说了等于白说，甚至还不如不说得好[①]。

三、同感共情的注意事项

开头的例子中，大多数人的回应容易有以下几点对同感共情的误区[②]。

1.同感共情不是同意

两者的本质差别在于：前者是对来访者内心感受的深刻理解与尊重，而非对对方想法和理念的完全接受，而后者是对来访者思想的完全认同。在心理咨询中表现同感共情，是为了"将心比心"，以尊重换信任，以理解促反思。由此，咨询师在同感共情实践中要学会接受来访者，而不是认可他的某些非理性想法。

例如，开头中有的人回复"这个白眼狼，我帮你去教训一顿，孩子不能太惯着"，其是同意了这位妈妈对这件事的说法，但是这样的回复会让这位妈妈更无力。

2.同感共情不是同情

两者的本质差别在于：同情是一种主位式的反应，它包含了对来访者处境的怜悯，是一种居高临下的、恩赐似的反应，而共情则是客位式的，是完全从对方角度看问题的反应，因而是平等的、共鸣似的反应。由此，咨询师在同感共情实践中切忌流露出悲天悯人的态度。举个比较恰当的例子来看：同情是一面哈哈镜，它因为混入我们自己的情绪而不真实；共情则是一面平面镜，用他人的视角准确地推测出他们的想法和感受，会让我们逐渐获得认识自己的能力。

例如，开头中有的人回复"你真是太可怜了，我儿子如果这样我会伤透心

---

① 岳晓东，刘义林.社区心理咨询[M].北京：清华大学出版社，2017.
② 马莹.心理咨询技术与方法[M].北京：人民卫生出版社，2017.

的"，其虽然用了这种怜悯的回复，但是反而让这位妈妈感觉自己处于被动、可怜的位置，对对方容易产生抗拒，以致无法进行进一步交流。

而回复"我儿子还不如你家儿子，整天打游戏不出门，你儿子好歹还正常上学，不错了"，虽然不带有怜悯，但是却停留在自己的情绪状态中，一个能共情别人的人，一定也会清楚地认识自己。当一个人还停留在自己无法解决问题的状态中，被自己的情绪和需求所左右，不仅无法真正体会别人的感受，也会在与他人的交往中扭曲自己，往往会出现常见的场景："越安慰，越崩溃。"

3. 同感共情不是移情

在心理学上，移情泛指个人把自己对以往生活中重要人物、事件及东西的爱与恨投射到另一个相关人物、事件及东西的意向。同感共情与移情的本质区别在于前者是一种平等、中立、公正的情绪反应，而后者则带有个人的偏见、偏好或是情绪指向。由此，咨询师要在同感共情实践中警惕自己的移情表现，不要将自己的想法强加在来访者头上。

例如，以上回复"我儿子当初我采用了……的办法，他现在变得特别好，你可以试试"，听起来是一个很好的建议，但是回复者忽略了这位妈妈和儿子的关系、夫妻关系、儿子的性格特征，以及家庭关系如何成为今天的状态等一系列问题，所以在还没了解足够的信息就开始自己的评价和判断，也是家庭教育指导师的一大禁忌。

4. 同感共情不是热情

两者的本质差别在于：前者是一种冷静、理性、温情的情绪反应，而后者则可能表现出过多的主动与主观。由此，咨询师在同感共情实践中切忌表现得过分主动、热情，那样会令来访者感觉不适，望而生畏。

那么到底怎么回复呢？一个高赞答案是"如果是我，我什么都不想说，我想听她说"。

作为家庭教育指导师，在第一节倾听的基础上让我们学会共情式倾听，上帝给了我们两个耳朵一个嘴巴，就是让我们少说多听，把你的耳朵放到别人的灵魂中，用心去聆听那里最急切的喃喃私语，但同时又能清醒地意识到自己还是自己。只有站在别人的角度深入他的内心，我们才能真正理解他人，同感共情不意味着满足当事人的情感与要求，而只意味着给他提供一个安全的、支持性的环境，接纳其人，而非其事。拥有共情的能力，不仅能让我们准确地理解别人，也能让我们清楚地认识自己。

第三节　沟通与联结

现实生活中，一些人常常会产生疑问："为什么我苦口婆心地说了很多，孩子好像一句话也没听进去呢？为什么一和爱人说话就吵架呢？为什么向领导建议，却被驳回呢……"沟通似乎很难。

那么有了倾听和共情的基础，谈话就可以非常顺利地进行吗？就可以让对方敞开心扉诉说吗？

一、沟通的概念

1. 沟通的概念

所谓沟通，是指人与人之间、人与群体之间思想与感情的传递和反馈的过程，以求思想达成一致和感情交流的通畅。从沟通的定义中，我们可以看到思想与感情、反馈、双向这几个重要的词，如果在沟通中忽略其中一项就很难达到交流的通畅。

2. 信息的搜集

例如，有位大学一年级的学生A求助说："我上大学后感觉自己很孤独，和同学们虽然没有很大的冲突，但是关系一直都是淡淡的；我没有好朋友，自己也阅读了很多关于沟通技巧的书，但在生活中似乎也用不上，我因此很苦闷，最近睡眠也不是很好。"

作为家庭教育指导师，除了运用前面讲的倾听、提问、共情开始和学生A建立关系，了解和搜集更全面信息也是重要的一环。

（1）美国传播学家艾伯特·梅拉比尔给出了一个公式：信息的全部表达=7%言语+38%声音+55%表情。非语言沟通的方式包括：皮肤接触（触摸）、空间距离的调整、姿态和方位、手部姿势、面部的表情、目光之间的接触等[①]。在上面的例子中，家庭教育指导师从与来访者开始接触就要学会从各个角度、全方位搜集来访者的信息。

（2）信息的搜集也包括几个维度，弗德曼·舒茨·冯·图恩提出了四耳模型理论（又称信息的四维度理论、沟通的四维模型等），四个维度——事实维度、自我表达维度、诉求维度和关系维度。当学生A总是强调事实维度的内容，不谈及自己的内心想法，即弱化自我表达维度的内容时，就可以引导学生A从另外的维度多谈。如果一个人总是从关系维度大谈特谈也可以引导他从事实维度来谈，同样的不管哪个维度都可以从另外的维度搜集更全面信息。

例如："我知道你谈的这些内容都是造成你困扰的事实，当你的室友没有很好回应你时，你的感受是什么呢？"

二、沟通中的情感

马歇尔·卢森堡博士《非暴力沟通》中非暴力沟通理论的核心观点是，我们在沟通中应该专注于彼此的观察、感受、需要和请求，用一种不指责、不批评的方式来沟通。这一理论被广泛地应用于亲密关系、心理疗法、外交和商业谈判等各个领域，在世界范围内获得了积极的反响。非暴力沟通建立在共情感受和尊重他人的基础上。

感受层面也是在共情基础上对对方的回应，同时会激起对方类似的感受，从

---

① 李敏.团体咨询对医患关系紧张医生的共情能力、沟通能力的干预研究［D］.武汉：华中师范大学，2015.

而产生共鸣。学生A的例子中，从他的语言中可以听到他很少触及感受，引导他谈感受的时候，也可以问："你觉得那时候你的室友感受是什么？"

从而让学生A学会表达感受、需求，同时理解他人感受和需求，让情感在互动中流动，才开始真正的沟通——双向沟通，学生A在此过程中不断地先练习表达自己的感受，才可能学会看到他人的感受。

例如，学生A领悟到："哦，原来我可以这样表达自己的需求，当我能表达出来时心里真的很轻松，如果室友能表达他对我的感受，哪怕是不满意或者怨气，是不是已经开始说出内心话了，不会让我们的关系卡在那里，僵在表面，也是深一层的了解彼此的过程吧。"

三、沟通与联结

作为家庭教育指导师，面对来访者时空谈问题不谈情绪，会给人以冷冰冰的感觉；空谈情绪不谈问题，又会使人感到茫然不知所措。两者应当相辅相成，互为补充。这不仅是心理咨询的技巧，更是与人联结的智慧。

心理学中的理性情绪行为疗法：美国心理学家阿尔伯特·艾利斯认为"人的情绪源自对所遭受的经历的态度、看法、评估，而并非来自事情本身"传达态度、表达情感的交流模式。该疗法旨在帮助来访者除去思想中的非理性信念及自我挫败感，建立积极向上的人生观。该疗法还认为，人的非理性信念主要有三个特征，即对他人要求"绝对化"、对生活事件"过分概括"和对生活挫折反应过分强烈。它可以在交流之中，彻底改变一个人的认知、情绪和行为方式[①]。

所以在沟通中所有信息的搜集是为了和来访者一起共同寻找问题的症结，透过意识去深入潜意识的汪洋大海，透过问题看到情绪的起源，找到自己内心真实的需求，发现什么样的认知引起了现在的行为方式，又如何通过调整自己的认知

---

① ［美］阿尔伯特·艾利斯.理性情绪［M］.北京：机械工业出版社，2014.

来指导行为改善情绪、解决问题。此时家庭教育指导师在过程中的陪伴和共情，不断地挖掘来访者的感受和需求，也是和来访者建立深层联结的过程，以达到一种心灵上的"和声"。

经过不断深入沟通，促使学生A的注意力从外界的各种事件转移到自己身上，去独立思考决策，自己发现认知偏差，感受到自己"过于自我中心"的绝对化，焦点聚于自己的心理不适，对此反应比较强烈，没有关注过内心的感受，也常常忽略他人感受，无法和他人建立深的联结。当学生A开始认识到自己认知的偏差，就已经开始摆脱自我中心的束缚，完成了认知上的一次飞跃。并由咨询师陪伴制订出一系列自己认为切实可行的方案，充满信心、开心地离去。

未来学生A还是会遇到这样那样的问题，但是这次他学会了了解自己，感受自己，表达自己的感受和需求，同时也将要启动学习和探寻了解他人、感受他人的能力，遇到相似的问题会自己梳理、探索。这也是心理咨询中的核心"助人自助"的魅力，家庭教育指导师和咨询师帮助来访者不逃避责任，使其学会独立思考与决策，而不是做来访者的"拐杖"。

第四节　其他咨询技术

一、家庭咨询常见的技术和方法

1.澄清

澄清是指在来访者表达后，通过再次发问帮助来访者清楚准确地表达自己的观点、情感体验和所经历的事件。

例如，第三节例子中学生A说道"自己不被所有人喜欢"。

家庭教育指导师运用澄清技术问："你所说的所有人指的是谁？他们不喜欢的是什么？能不能具体地谈一谈。"

2. 面质

面质是指家庭教育指导师在对来访者的感受、经验信念和行为深刻了解后，发现其不一致或者欠缺协调之后做出的反应，以帮助来访者去重新审视和思考自己的观点，看清内心与现实。

依然用学生A来举例，他说："我读了很多关于沟通技巧方面的书，感觉没有用……"

家庭教育指导师运用面质技术问："你读的沟通技术方面的书，在生活中你已经尝试在用的有哪些？你是怎么使用的呢？"

3. 解释

解释是影响性技术的一种，是指运用某一种理论来描述来访者的思想、情感和行为的原因。解释使来访者从一个新的、更全面、更专业的角度重新面对困扰、周围环境及自己，并借助新的观念和思想来加深对自身的了解。

例如：学生A最初的观点是室友对自己有偏见，所以表现出不友好。

家庭教育指导师运用解释技术：其运用了艾利斯理性情绪行为理论，让学生A知道自己的认知决定了对他人的看法，而不是自己看到认为的事情本身。

4. 反应

反应是指在与来访者进行沟通时，对其的情感及时反应，以促进来访者的自我表达。其方式包括鼓励、复述、情感反应、摘述等。

例如：学生A在沉默思考时，适时鼓励："你能开始去思考这个问题是个特别好的开始……"

家庭教育指导师运用情感反应问："我看到你好像舒了口气，是有什么突然的发现和想法吗？"

5. 暗示

暗示是指家庭教育指导师通过诱导或启示的方式不知不觉中给他们一种观点，以此来改变来访者的异常心理和行为。暗示常常用隐喻的方式引发来访者思考，而隐喻被誉为用故事转化生命。

家庭教育指导师运用暗示：其讲了小马过河的故事，启示学生A每件事只有自己亲自去感受了，才会有自己的切身体验。

学生A也有所悟，自己虽然读了一些有关沟通技巧的书，却没有积极实践将其转化成自己的体验。

二、家庭咨询的注意事项

处理家庭常见问题的技术和方法还有很多种，如具体化、自我暴露、分析、干预、问题外化等。这些技术是灵活而流动的，只有在家庭教育指导师和来访者关系充分建立后，在尊重、信任的基础上，家庭教育指导师不对问题做预先的假定、回答，怀着好奇，尽可能多地倾听来访者内心的声音和诸多感受，将人和问题分开，鼓励来访者共同解构有问题的、僵化的、失去生命活力的种种经历，积极互动，不做片面的评价，引导来访者自己反思过去，自发地唤起内在动机，才是认知改变、情绪调整以及行为修正的真正基石，也才能协助来访者共同构建新的人生故事。

第五节　职业修养和职业道德

作为一名家庭教育指导师，不仅要了解各种常用技术，更需要了解的是其职业修养和职业道德。

一、家庭教育指导师的职业修养

1.良好的职业道德和素养

家庭教育指导师的训练不仅包括面谈技术的训练、个人在团队中的成长，更包括个人的修炼和成长，如形成家庭教育指导新的行为方式的自我训练和自律。

家庭教育指导师在给人带来成长的同时，自己也在成长，这需要其不断提高与完善自我，随时发现、改正自己在指导过程中的不足。随着指导的深入，会发现一个家庭教育指导师自我对生命的看法、对人的理解和对爱的理解，这也决定了其能带着来访者到哪个位置，决定了来访者的接纳整合状态，其内在和谐的方向和深度、生命的自由度有多高，就能把来访者带到多自由的境界。

但也并不是说作为家庭教育指导师就一定要成为生活中的完美人物，在指导关系中，只要做到此时此刻自我真实就足够了。

2. 积极心态

如果一个家庭教育指导师不能从内在里练就一身辩证看待得失、积极面对挫折的功夫，也做不好这项工作。一个人的心态若消极倦怠，会影响他对人对事的态度。

3. 指导的重心

一个家庭教育指导师更要重视的是倾听、共感、真诚、积极无条件关注和营造安全、自由谈话气氛的能力，而不是对来访者的分类、鉴别和诊断能力，前者的能力更能够激发和唤醒来访者内在的力量。

4. 语言功夫

家庭指导是人际沟通的技巧，也是语言交流的艺术。语言是有分量的，尤其作为家庭教育指导师，若对方敬重你，你的语言就放大了分量，所以首先要从培养自我修养、完善自身人格做起，共情、提问、沟通、鼓励、情感表达都是语言的基础，但如何说、怎样说、说的分寸也是跳不过的必修课。

5. 指导大忌

每个人的人生路都是一步一步走出来的，家庭教育指导师只能帮助"行人"尽量认清自己要走的路。来访者对自我的深刻反省与认识应该是自发而成的，而不是由家庭教育指导师说教而致。为人出谋划策、指点迷津的指导是心理辅导之大忌。

二、家庭教育指导师的职业道德

1.家庭教育指导师的职业规范

（1）自愿原则：来访者必须出于完全自愿，这是建立指导关系的先决条件。

（2）中立原则：家庭教育指导师对来访者的语言、情绪、行为要充分理解，不得以道德的眼光评判其对错，尊重不同性别、年龄、职业、民族、国籍、宗教信仰、价值观的来访者，与来访者建立平等友好的关系。如果来访者的问题触及家庭教育指导师自身问题或者使其情绪无法保持中立，也要及时和来访者沟通，合理结束咨询，将来访者转介给他人。

（3）感情限定原则：与来访者之间不得产生和建立咨询以外的任何关系，尽量避免双重关系。不得利用来访者对家庭教育指导师的信任而谋取私利，更不得对异性有非礼的言行。

（4）保密原则：家庭教育指导师应当始终严格恪守保密原则，有关来访者的个案记录、测验资料、信件、录音、录像及其他有关信息，均应当在符合法律规范的要求下严格保密。

（5）例外原则：家庭教育指导师在接受司法部门、公安部门、卫生部门询问时不得作虚伪的陈述和报告。

2.对求助者的责任

家庭教育指导师的工作目的是使来访者从其提供的专业服务中获益。家庭教育指导师应保障来访者的权利，努力使其得到适当的服务并避免伤害。

（1）家庭教育指导师不得因为来访者的性别、民族、国籍、宗教信仰、价值观、性取向等任何方面的因素歧视求助者。

（2）家庭教育指导师在咨询指导关系建立之前，应使来访者明确了解咨询指导工作的性质、工作特点、收费标准、这一工作可能的局限以及来访者的权利和义务。

（3）家庭教育指导师在进行咨询指导工作时，应与来访者对咨询目标、方式等问题进行讨论并达成一致意见，必要时（如使用催眠疗法、长期精神分析等技术）应与来访者达成书面协议。

（4）家庭教育指导师应明确其工作的目的是促进来访者的成长、自强自立，而并非使来访者在其未来的生活中对其产生依赖。

第十章
家庭教育中的特殊问题

在中华民族的文化血脉里历来重视家庭教育，梁漱溟先生曾做过专门分析，他认为"在东西方社会结构中家庭的社会地位和作用有很大不同。西方社会往往以个体为中心，家庭地位和功能相对次要，而中国传统社会往往以家庭为中心，家庭是社会生活的基本单位或细胞"。在政治理念上是把"国"当作"家"来治理，而在家庭观念中则是把治家和治国放在同等重要的地位看待。"家"对于中国社会和中国人是一个基本的单位，是生存单位、秩序单位，也是教育单位。

孟母三迁的故事想必大家都不陌生，其说明了中华民族自古在教育孩子方面，十分重视环境的习染和师友的选择，认为环境是无言之教，对儿童的心理发展和品格的形成起着潜移默化的作用。因此古人提出"君子居必择乡，游必就士，所以防邪僻而近中正也"（《荀子·劝学》），主张要为子女的健康成长，创造一个良好的家庭环境和社会环境。近年来，层出不穷的青少年恶性犯罪、青少年抑郁自杀等事件，让中国青少年心理健康这一议题进入大家的视野。据2020年心理健康蓝皮书《中国国民心理健康发展报告（2019—2020）》显示，我国有24.6%的青少年抑郁，其中重度抑郁的比例为7.4%。随着年级的增长，抑郁的检出率呈现上升趋势。追溯其原因，则指向了家庭教育。家庭教养方式不当，无疑是儿童成长环境失衡的一个重要因素。孩子长时间、高强度地身处这样的环境中，会对他们身心健康，以及未来更好地融入社会产生深远的影响。

第一节　不当教养方式下儿童的特殊问题

在家庭教育中，教育的责任主体是儿童的父母或其他监护人，教育的对象是儿童。在我国，儿童系"未成年人"，与联合国《儿童权利公约》的年龄界定一致，指18岁以下的任何人。

根据《中华人民共和国家庭教育促进法》（以下简称《家庭教育促进法》），家庭教育是指通过某种教养方式达到"促进未成年人全面健康成长，对其实施道德品质、身体素质、生活技能、文化修养、行为习惯等方面的培育、引导和影响"的教育。以施教为目的的偏激的教养方式，我们称其为不当的教养方式。

一、暴力教养

近年来，随着社交媒体的兴起，越来越多的针对儿童的恶性暴力事件曝光，比如，父母对儿童极端暴力管教的新闻。"深圳宝安区父母虐打8岁女儿"的视频迅速在网上传播并引发关注。长约4分钟的剪辑视频，记录了一名女孩如何在家中遭殴打、虐待，包括被其父母轮流掌掴、拉头发、用脚蹬，甚至从背后抱脖抢摔、用笤帚抽打身体。法院查明，其母因多次发现女儿偷拿家中的钱及同学的钱物，在说教无果的情况下，采用多种极端残暴的手段，多次对女儿实施殴打虐待。

又比如，在一份北京法院的判决书中，被告人称，"我和我丈夫打娃是因为娃有很多坏习惯，如爱偷吃东西、爱说谎话""就是想把他教育好""后来经常打习惯了，我有时心情不好就打孩子解气""我现在觉得我的方式不对，这个娃性格太硬了，我就想着以硬治硬"。

再比如，2018年某市110指挥中心接到某小区一男子报警称，他在家中被人捅伤，生命垂危。民警及120立即赶赴现场。当抵达现场时，听到房间里传来男子呻吟求救的声音，而一个少年浑身是血、举着刀挡在门前，阻止民警及医护人员进入屋内。现场民警劝说并控制住少年后，伤者第一时间被送医救治，所幸脱离了生命危险。行凶少年名为小姜，事后他向心理咨询师讲述了自己的故事。小姜父母在小姜幼时离婚，小姜跟随母亲生活。离婚后，姜父多次要求变更孩子的监护权。虽然小姜想跟随母亲生活，但姜母考虑到姜父经济条件优于自己，便同意变更抚养权。之后多年，姜父因生意应酬压力大且对孩子期望过高，常常殴打小姜。小姜行凶那天，一向关爱自己的奶奶因病卧床没有做家务，姜父醉酒回家后辱骂小姜奶奶。这一幕，成了压垮小姜的最后一根稻草。"有这种爹在，我还有什么未来？不如杀了他，免得他祸害我妈和我奶奶。"这句话，是小姜在接受心理矫治时，让人印象极为深刻的一句。而在很多涉案未成年人的自诉中，家庭是他们认为自己遭遇不幸的原因之一。

1. 针对儿童的家庭暴力

以上的三个案例，都涉及针对儿童的家庭暴力，对儿童的身心健康及社会的发展危害极大。联合国《儿童权利公约》中针对儿童的家庭暴力的定义：缔约国应采取一切适当的立法、行政、社会和教育措施，保护儿童在受父母、法定监护人或其他任何负责照管儿童的人的照料时，不致受到任何形式的身心摧残、伤害或凌辱，忽视或照料不周，虐待或剥削，包括性侵犯。

针对儿童的家庭暴力并非欧美国家的专利，在我国也并不少见。中国人权发展基金会于2010年8月，发布了中国亲子关系现状的研究报告。报告指出，约七成的家庭中，父母曾对子女实施过家庭暴力。孩子撒谎、不服从父母命令、不懂礼节、孩子学习成绩不理想是父母打孩子的主要原因。据北京青少年法律援助与研究中心发布的《未成年人遭受家庭暴力案件调查分析与研究报告》指出，2008—2013年经媒体报道的697例未成年人遭受家庭暴力的案件中，"84.79%的案件是父母施暴，其中亲生父母施暴的占74.75%，继父母或养父母施暴的占10.04%；所有案件中父母单方施暴的案件更为常见占76.47%"[①]。

国际权威医学杂志《柳叶刀》，在2021年在线发表《柳叶刀中国女性生殖、孕产妇、新生儿、儿童和青少年健康特邀重大报告》，该报告总结回顾了新中国成立70周年以来妇女儿童健康领域的发展改革成效与经验，收集并分析了具有高可靠性和高质量性的全球或国家级监测数据。该报告指出虐待和忽视儿童在中国很常见。一个对68项研究的荟萃分析表明，26.6%的18岁以下儿童遭受过身体虐待、19.6%遭受过心理虐待、8.7%遭受过性虐待和26.0%遭受过忽视。同时报告也指出"体罚"这样的行为在中国不被认为是暴力。

2.针对儿童的家庭暴力对未成年人的影响

研究显示，任何形式的暴力，包括目睹暴力，都会对儿童产生影响。

美国著名精神病医师Erikson认为，人的自我意识发展持续一生，儿童成长过程中整个阶段都处于人生中重大转变的时期，这个阶段的经历对他们未来的个体行为、身心健康状态、关系的建立和维系、受教育的程度以及更好地融入社会都有着深远的影响。

童年时期经历的创伤会伴随儿童一生。20世纪90年代中期美国疾病控制与预防中心和Kaiser Permanente曾就儿童期不良事件（Adverse Childhood Experiences，ACE）做过一项调查，通过对17500名成年人"童年不良经历"的问询，以分析儿童家庭暴力对受害儿童未来的健康和幸福的影响。结果显示，儿童时期经历的创伤和不良事件是引起疾病、死亡以及生活质量差的重要风险因素。在此调查中定义的儿童期不良事件是指经历过儿童虐待、忽视、家庭暴力、家庭成员酗酒或药物成瘾以及其他创伤性压力事件。这些不良事件会影响儿童的正常发育，对其社会发展、情感和认知发展也会造成负面影响。

关于儿童家庭暴力的研究显示，早年遭受的不幸会影响大脑中与快乐和奖赏

[①] 未成年人遭受家庭暴力案件调查与研究报告（chinachild.org）.

相关的处理中心，它与"物质依赖"疾病相关。早年遭受的不幸还会抑制大脑的前额叶皮质（Prefront alcortex），而前额皮质对神经冲动控制与执行功能是必不可少的，这个区域对于学习能力非常关键。在核磁共振成像扫描（MRI）上，可以观察到大脑的恐惧反应中枢——杏仁核（amygdala）中，存在可以测量的差异。因此可以从神经学角度诠释，为什么人们一旦遭受大量不幸，则更容易出现高风险行为。因为这与"下丘脑—垂体—肾上腺轴"有关——它是大脑和身体的应激反应系统，支配我们作出"或战或逃的反应"（fight or flight response）。儿童对这种反复的应激激活尤其敏感，因为他们的大脑和身体正处在发育阶段。对于长期遭受家庭暴力的儿童来说，每天都处在一个让他/她恐惧的家庭环境，这套系统将一遍又一遍地被激活，它就会从适应到不适应，直到损害健康。长期的虐待经历不仅会影响大脑结构和功能，还会影响正在发育的免疫系统，以及正在发育的内分泌系统，甚至还会影响DNA的读取和转录方式。

从社会学的角度来说，儿童遭受家庭暴力就是在给社会带来潜在的威胁，增加社会的不稳定因素。全国妇联权益部调查表明，在暴力家庭中长大的孩子自杀的可能性更高，且犯罪机会高出正常家庭74倍[1]。

3. "家庭教育中的暴力行为"就不是"针对儿童的家庭暴力"了吗

以上举的三个案例是家庭教养行为中的极端案例，同大多数公开的数据一样并不具有普遍性。之所以选择呈现它们是想做一个类比，希望从这些暴力行为的发生场域和触发因素上，窥见当前家庭教育中的某些被忽视的暴力行为，如对儿童的暴力施教、体罚、冷暴力，这些暴力行为在亚洲文化背景下的家庭教育中很常见，但家长们却不以为然，甚至习以为常。我们常常听见家长们说这样的话："这就是我们中国人的教育方法啊，小孩子不打怎么能成才，我们小时候不都是被打过来的吗？""棍棒底下出孝子"……然而这些不当的教育方式，伴随着本来已

---

[1] 张浩淼.儿童遭遇家庭暴力，维权存在法律空白[N].重庆日报，2009-03-06.

经相当繁重的学业压力和升学竞争，带给青少年们不同程度的心理压力，是生命中不能承受之痛。2018年《中国青年发展报告》显示，中国17岁以下儿童青少年中，有约3 000万人受到各种情绪和行为问题的困扰。

需要引起家庭教育指导师重视的是，同那些极端行为一样，伴随着暴力的家庭教养方式也是"家庭暴力"的一种，虽然可能程度不同，但它们有着相同的模式，同样会对儿童的身心健康造成不同程度的影响。不仅如此，由于思想上不重视，这类行为会成为家长们习以为常和用起来顺手的亲子"交流"模式。这才是此类问题的可怕之处，是家长和家庭教育指导师需要格外注意的特殊所在。

二、溺爱

说起溺爱，不免让人想起曾经引起全网沸腾的"我爸是李刚"和"李天一事件"，他们常年在父母的庇佑和溺爱下，蛮横骄纵，直到犯下大错受到法律制裁。类似这样的，近年来被溺爱的孩子犯罪事件有日趋增多的趋势。

比如，在2017年8月，国内一对父母带着8岁的孩子去国外旅游，在航班上，孩子大声嬉闹，可是父母并没有及时阻止。不久，孩子又因为无聊不断骚扰邻座乘客，乘客在多次示意其父母约束孩子无果后，愤怒地骂了孩子的父母，一下点燃了双方的"战火"。最终在飞机落地后，这一家人被国外的执法人员带走。

被溺爱的孩子也是那些人们口中的"熊孩子"们，他们出现在超市、公共交通、电影院等场所，做着划私家车、破坏公物、不顾他人安危高空抛物、故意猛推孕妇等的行为。家长面对孩子的这类行为，总会申辩说"可他们还是孩子啊"。有人说溺爱是一种毁灭性的教育方式，是一种不负责任的爱，会压制孩子的健康成长。

溺爱的表现有两种，即包办型的溺爱和纵容型的溺爱。包办型的父母把孩子的一切都安排好了，孩子不动手就可以得到一切，他们不鼓励甚至不喜欢孩子自己去解决问题。纵容型的父母则是孩子要什么就给什么，不管多么不合理的要求，父母都会竭尽全力满足。无论是包办型的溺爱还是放纵型的溺爱，都会导致孩子丧失独立性。包办型溺爱下的孩子，会表现在对自己感受的不信任，而放纵型溺爱下的孩子，会表现在过分依赖他人。前者会完全排除自己的感受，一切都由父母操办，自己的感受被压抑，造成自我的迷失；后者是完全任凭自己的感受，肆意妄为，以自我为中心，造成同情心和同理心丧失。

中国由于长期施行独生子女的政策，溺爱型的父母越来越多。无论家境富裕或贫困，都用溺爱的方式来教养孩子。所谓的"四二一综合征"，是指四个老人、一对父母都把爱倾注在一个孩子身上，更加剧了这种溺爱的程度和范围。

溺爱型养育的特殊性在于，教育主体即家长们在家庭教育的过程中以爱为名义溺爱孩子，却忽视了教育的核心是教孩子该如何做人、如何成为他自己、如何成为一个合格的公民。

通过了解暴力及溺爱这两种不当教养方式，以及不当教养方式的极端类型——针对儿童的家庭暴力，家庭教育指导师在执业过程中，应以其过硬的专业知识，不断提高的专业素养，充分认识和识别家庭教育中教养形式的多样，在家庭教育指导中给予家长符合时代进步的正确的家庭教育观，对儿童的主体监护人进行专业的指导和疏导，健全和完善儿童成长的家庭环境，避免针对儿童的家庭暴力的发生。与此同时，因儿童家庭暴力具有隐匿性的特征，家庭教育指导师也应在执业的过程中提高发现针对儿童的恶性家庭暴力的概率，尽早发现，履行强制报告职责，联合社区、福利机构，以及国家《反家暴法》和《关于建立侵害未成年人案件强制报告制度的意见（试行）》，依法对受暴儿童进行解救和进行必要的心理疏导。

第二节　教养方式的表现类型

按照戴安娜·鲍姆林德的理论，养育方式一般分为专制型、溺爱型、忽视型和混杂型。研究证明，权威型教养方式是值得推荐的，其他都或多或少具有一定的缺陷，会对孩子造成或多或少的负面影响。

一、专制型教养方式

专制型教养方式，是指经常使用专断权力和惩罚等高控制策略，强调儿童的绝对服从；要求孩子遵守要求，很少解释原因或顾及孩子的感受。

在跟孩子的相处过程中，专制型教养方式的父母往往会因为孩子的不良行为和孩子发生冲突，强迫孩子服从，选择专断、持续的催促或者惩罚等高控制策略，比如常见的"吼娃"、体罚等。家长们认为孩子需要经历一些挫折教育，不惜"言语暴力"，期待孩子能够知耻而后勇。但往往惩罚形式本身或者惩罚时父母的愤怒，会使父母偏离了解决问题本身以及如何让孩子更好地改正以后的不良行为。

研究证明，专制型教养方式与孩子的焦虑、恐惧和挫折感高度相关，使其更易自卑，十分在意他人的想法，也会造成不良行为、叛逆和适应性问题。

二、溺爱型教养方式

父母对孩子过度关注，通常会对孩子的各种要求很快做出反应，但并不会制定或执行规则，以及要求孩子按照规则来调整自己的行为。在这种家庭教养环境下长大的孩子在情感上是安全的，但由于父母没有给孩子合理的指引和教导，导致孩子很难了解行为和规则的边界，无法建立正常社交，容易以自我为中心，不懂珍惜爱，更不会给予他人爱。

三、忽视型教养方式

父母对孩子缺乏监管、关心和培养，经常忙于自己的工作或生活。这种类型的教养常出现在留守儿童家庭、父母管教缺位的家庭中。儿童期父母的忽视，易导致孩子冲动、攻击性强、低自尊等诸多问题。在孩子成长中需要高质量陪伴的关键期，父母不能与孩子建立良好的亲子关系，会导致孩子青春期的极度叛逆。

四、混杂型教养方式

在实际家庭教养中，一个家庭往往会呈现出混杂的教养方式。父亲和母亲之间可能持不同的教育态度，比如"暴力型的父亲"配上"溺爱型的母亲"，或者相反的状况，可能会导致孩子双重人格、爱说谎等行为。而"6+1"结构更是现今我国家庭教育结构中的重要结构类型，也很容易形成混杂型的教养方式。比如，那些在以隔代养育为主，或以父母教育为主、祖辈教育为辅的联合教养中，祖辈和父辈往往持有不同的养育观念或养育方式，这些观念甚至彼此冲突。如此种种，"声音不一致"的家庭教育，很容易影响教育关系纽带，从而很难形成有效的、成功的家庭教育。孩子如果一直在这种方向不一致甚至相悖的教养环境下成长，那么可能等同于在一种"无教育"的状态下"任意"发展，从而形成"无节制"和"无界限"的极端自由状态[①]。

家庭教育指导师通过对不同家庭教养方式的认识，可以进一步了解家庭教养的多样性，有助于在家庭指导过程中了解不同家庭教养中各个成员的行为特点和心理特征，能够有机地将施教主体（家长）——教养方式——儿童的心理行为呈现这三者结合起来，对个体家庭的家庭教养环境做出一个合理的判定，并能够帮助施教主体认识到，孩子的外在呈现和家长、家长的教养方式以及家长营造出的家庭环境氛围密不可分。如何正确地认识到这一点，认识到改善施教方式和家庭教育的土壤，是提升孩子身心状态的根本方式（见图10.1）。

---

① 张威.社会教育学视角下的儿童青少年和家庭专业工作新探索——以"华仁模式"为例[J].社会工作，2015（1）：3-34、58、124.

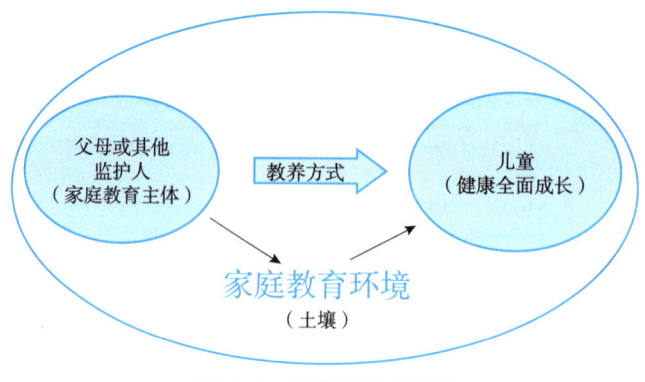

图10.1 家庭教育关系图

第三节 回归家庭教育的核心

一、家长的焦虑

家庭作为一个人的根基，是大多数人生存和活动的主要场所，是爱的港湾和心灵的归属。家庭教育对每个人的影响都是潜移默化并伴随一生的。随着时代的变迁、社会的演进，当今家庭结构的变化赋予家庭教育观念和功能以新的时代要求，也对每一个家庭的家长（即家庭教育责任主体）提出了前所未有的挑战。

首先是经济压力。有研究数据显示，2019年我国新中产人群在支出结构上，房子和孩子是新中产家庭的两座"大山"。教育支出在中国已经超过其他生活费用，成为仅次于食物和房租房贷的第三大日常支出。收入越高的家庭，在子女教育方面的支出占比越大。

其次是自身的生存压力。人到中年已是上有老下有小，随着人们不断追求生活水平的提升，来自就业和工作的竞争让"中年人"这个词平添了许多的沉重。

最后是面对孩子的"教育焦虑症"，大多数的中国家长感到力不从心、恐慌、压力大、担忧、压迫和茫然。

在种种压力的裹挟下，当今中国的广大家长们，陷入了被焦虑包裹的死循环中。

二、孩子的压力

首都医科大学附属北京安定医院儿童精神障碍专家郑毅教授表示，据英国儿科领域权威期刊（Journal of Child Psychology and Psychiatry and Allied Disciplines，JCPP）在2021年5月发表的中国儿童青少年精神障碍流行病学调查报告[1]显示，我国儿童青少年整体精神障碍流行率为17.5%。其中，注意缺陷多动障碍、对立违抗障碍和重性抑郁障碍是儿童青少年中流行率最高的精神障碍。该调查数据表明，我国儿童青少年精神健康面临严峻挑战。2020年上海市教委校长会议上指出，从高三、初三复课起，上海市跳楼自杀学生24人，其中浦东新区14人、小学生3人。事实上，近年来，中国学生的自杀率一直在逐年攀升。据数据显示，疫情期间学生自杀案例发生最多的三个月份是5月、4月、9月。一些地方的教育局紧急叫停了复课之后学校的摸底考试。有关数据显示，中国整体的自杀率在大幅下降，但是中小学生自杀率却在攀升。

除了教育内卷带给孩子们的学业压力，中国青少年研究网曾做过一次关于学生的调查，调查显示有43%的学生感觉与老师、同学和家长的人际相处有压力。

三、家庭教育的正确理念

这些年，新闻和社交媒体中频频报道青少年不良心理行为事件，这些事件的背后原因都指向家庭教育，提醒整个社会需要深入思考当前家庭教育的理念和教养方式。2018年12月22日，全国妇联儿童工作部召开了第二次全国家庭教育现状调查结果发布会，会上发布了全国家庭教育现状报告，调查显示家长对家庭教育指导服务需求强烈。家长在家庭教育面临的四大困难，依次是"不知道用什么方法教育孩子""辅导孩子学习力不从心""太忙，没有时间""不了解孩子的想法"，

---

[1] Prevalence of mental disorders in school children and adolescents in China: diagnostic data from detailed clinical assessments of 17,524 individuals [J]. J Child Psychol Psychiatry. 2022, 63（1）: 34—46.

农村父母遇到的困难比城市父母更为突出。

2022年1月1日《家庭教育促进法》的落地实施，让我国的家庭进入了"依法带娃"的时代，也为广大家长在家庭教育中"教什么""怎么教"提供了方向性的指导。全国家庭教育现状调查也显示，当今父母的生育观更注重家庭生活的充实和自身人生的美满；父母的人才观趋于社会的主流价值观并且更加务实。父母首选是希望孩子成为"敬老爱幼且有家庭责任感的人"，占78.3%，第二是"身心健康阳光快乐的人"，占76.1%，第三是"遵纪守法诚实守信的人"，占65.7%。孩子们不健康的身心状态及不良行为暴露出的诸多问题，让家长们不得不重新审视"到底是哪里出了问题？""该用怎样的方法教育孩子？"美国养育革命先锋人物斯坦福大学前新生教务长朱莉·利思科特·海姆斯指出，孩子的问题根源不在孩子身上，而在于父母错误的养育方式。基于此，为帮助家长们认识到自身存在的问题，家庭教育指导师需要给家长们提出如下建议：

首先，在跟孩子相处时，对自己的情绪保持觉察，不要将自己的压力和焦虑加倍地影响到孩子。因为孩子跟父母的心是紧密相连的，他们能够敏感地捕捉到父母的情绪变化。当父母只考虑他们的生存和压力时，相对于成年的父母，孩子们却特别在乎父母的情绪，对父母的心理变化非常敏感。他们很容易围绕着父母的情绪转，而父母也会有意无意地利用自己的情绪去控制孩子。

其次，切记不要把打骂当作对孩子的惩戒，因为这已经偏离了真正的教育。切记不要把惩戒孩子变成自己发泄情绪的途径，让孩子成为自己情绪的"下游"，日积月累地堆积着越来越多本不该属于他们的沉重。切记不要把惩戒作为显示"自己能赢孩子"的权利，更不要通过让孩子吃苦头来报复孩子。须知家长的权威性并不应该在暴力行为中建立，以身作则和以德服人才是正确途径。切记在惩戒时，应把握度和方式，用智慧和爱来教育引导孩子。

最后，对孩子最好的教育是爸爸爱妈妈，爸爸妈妈爱孩子。孩子只有在一个充满爱的家庭环境中成长，见过好的感情，才能拥有对健康的爱的敏锐嗅觉，拥有爱己爱人的能力。家庭是儿童成长中的第一个课堂，家长是孩子的第一任老师，唯有不断改良家庭这个重要的教养环境，培育出积极健康的家庭文化，使"土壤"肥沃，孩子们才能在健康的家庭中茁壮地成长。就像朱莉·利思科特·海姆斯说过的，家长的工作不是把孩子变成我们想要的样子，而是支持他们做辉煌的自己。

2022年3月，人民日报报道了一个湖南的农民，供三个继女成为名校研究生的真实的故事。这位名叫李享知的父亲，在妻子病逝后独自带着三个小孩和一位聋哑大哥生活。当他后来的妻子走进这个家庭时，也带着她和前夫的小女儿，一家七口的生活压力不小。几年后的某天，妻子和前夫所生的大女儿和二女儿也来投靠他们，当时两个孩子饿得面黄肌瘦。就这样他们组成了特殊的九口之家。后来他的妻子患上了严重的风湿病渐渐失去了劳动能力，一家人的生计都落在了这位父亲一个人身上。尽管"面朝黄土背朝天"，可深知知识改变命运的李享知发现跟自己并没有血缘关系的三个女儿读书既有天赋又努力刻苦，他"固执"地拼尽全力供她们读书。如今，几个女儿分别成了公务员、硅谷软件工程师和教师，各自成家并拥有了自己的幸福生活。

身为软件工程师的大女儿在给继父的一封信中说道："我时常想，如果没有继父无限的包容和付出，我定会是一个心里充满仇恨的人。没有遇到继父之前，我和妹妹是没有人管教的野孩子，村里比我们小的孩子都能肆意欺负我们。除了外人的伤害，我们的生父常常因为打牌输了钱就打骂我们，不是扇耳光、罚跪，就是用竹扫把打得我们满身都是火辣辣的血红印子——是如山的继父的爱，不但疗愈了我幼小时充满仇恨的心灵，而且让我体会到了幸福的滋味，懂得了感恩。继父对我们视如己出，别说打骂，连重话都很少对我们说，即便我们犯了错，继父也是耐心地摆道理、讲故事予以开导，让我们如沐春风般，心里也暗下决心改正错误。生活虽然艰苦，但继父一人默默承担起全部的重担，拼尽全力给我们营造一个充满温馨与爱的家，连一句抱怨的话都没有对我们说过。他总教导我们，现在这个世道很好，勤劳致富，和气生财，天无绝人之路，只要努力就一定会有出路的。他那乐观的精神、坚毅的目光至今都深深影响着我,是我人生路上的指明灯,指引着我努力前进。"

如何正确地教养孩子是每一个家庭都必须面对的课题。然而这个课题,因为家庭结构、家庭背景、家长的认知和孩子而变得多元和复杂。在家庭指导过程中,对家庭结构、家庭背景、家长的认知进行如实的体认和剖析,让家长们看到症结所在,并一步步地恢复原生家庭和睦健康的家庭功能,支持家庭改善亲子关系,是家庭教育指导过程中的要点也是难点。作为家庭教育指导师,服务中可建立相关家长互助群体,群体中的家长能够彼此成为同伴,从更多元的视角审视自身以及在家庭教育中的盲区,互相帮助分享经验,实现共同的自我成长,不失为一个推荐的积极方式。

家庭教育指导师在执业过程中,对家庭进行健康正向的引导,帮助家庭建立爱的环境,具有举足轻重的作用。形成爱的环境,主要依靠家长发现爱,正确地认识爱,并将爱铺展在生活的各个方面。尽管前路仍然漫漫,但只要本着爱和正确的教养方式,定会为孩子遮风挡雨,让他们健康快乐地成长,在未来拥有属于自己的广阔天地。